会計士が教える

スゴ技
Excel

一木伸夫
Ichiki Nobuo

日本経済新聞出版社

はじめに

本書の特徴

　本書は監査の現場を長く経験した会計士の立場から、経理部や経営企画室、営業管理部門で働くビジネスパーソンや、会計士・税理士など毎日Excelを使う方々に必要な基礎を身に付けていただくための本です。

　監査という仕事は様々な業種のあらゆる部門の資料を閲覧することができます。上場会社であればどの部門であれ、数字が絡む資料はほとんどExcelで作成されているといっても過言ではありません。

　監査を通じて多くのExcelシートをみてきましたが、ほとんどの方は自己流でExcelを使っており、業務に必要な基礎がきちんと身に付いている方はごくわずかです。にもかかわらず、自身のExcelスキルに危機感を持っている方はそれほど多くないのが現状です。

　私は、様々な業種・部門の人が作ったたくさんのExcelシートを、元プログラマの視点で改善してきました。さらに企業向けExcelセミナーを毎月実施し、延べ1000人を超える受講者の声をもとに、実務におけるExcelの基本を体系的にまとめたのが本書となります。

　本書には以下の特徴があります。
・実務の中で生まれ、実務に直結する内容であること。
・特定業種に偏らず、多くの業種・部門で共通して必要となる内容であること。
・「参照」を軸として、最低限必要な内容に絞っていること。
・ストーリーを持ち、最初から最後まで読み通せる内容であること。
・Excelを使いこなしているビジネス・パーソンにとって、あたりまえのテクニックを体系化していること。
・キーボード操作を丁寧に解説していること。

　Excelの基本は「参照」です。どんなにたくさんの関数を知っていても、参照が身に付いていなければExcelをシンプルに使いこなすことはできません。

　シンプルでないExcelの弊害は計り知れません。

　膨大な時間の無駄、コメントだらけの分かりにくいシート、修正漏れ

や修正ミスなど枚挙にいとまがありません。

しかももっと怖いことに、これらの無駄な時間が「頑張っている」という評価になり、誰もミスに気付くことなく経営会議資料が作成されて、経営者の意思決定に利用され、誤った金額が銀行口座から支払われたりしています。

私の経験上、参照を理解せずにExcelを使っている方は、無駄かミス、あるいはその両方をしている可能性が高いです。

関数は参照とセットで使う

ということを、本書を通じて強く意識していただきたいと思います。

本書の使い方

本書は実務でExcelを使う上での基礎を身に付けていただくことを目的としています。

基礎となる関数の実践的な使い方を、「参照」とキーボード操作とともに紹介しています。

知っているか知らないかで差のつく知識もいくつか紹介しているので、一読していただくだけでも役に立ちますが、基本的には「参照」の考え方とキーボード操作を身に付けて、実務に生かしていただきたいと考えています。

ぜひ私のHPからファイルをダウンロードして、最初から【キーボードを使った手順】を丁寧に再現してみてください。

その際、「覚えるべきショートカットキー」をプリントアウトして、手元において作業してみましょう。

いつものようにマウスを使って作業してはいけません。

本書のキーボード操作を身に付けた上で、それでもなおマウスを使った方が効率的であれば、ぜひマウスを使ってください。

最初はうまく指が動かないかもしれません。

決してあきらめずにチャレンジしてみてください。

本書の内容すべてを、操作を繰り返すことによって自分のものにした時、あなたのExcelは変わっているはずです。

基礎を身に付けるのに王道はありません。

本書で取り上げるファイルのダウンロードは、こちらからお願いします。
http://www.simplesolutions.jp/

この問題が解けますか？

本書が、あなたの役に立つかどうかは、次の問題が解けるかどうかで判断してください。

【問題】　　　あなたに仕事の依頼が来ました。
この表を完成させるのにどのくらい時間がかかるでしょうか。
30秒以内に完成したら合格です。
実際にストップウォッチを使って計ってみてください。

＜依頼内容＞
以下のシートを使って、100×100の掛け算の表を作ってください。

	A	B	C	D	E	F	G	H	I	J	K	L	M
1		1	2	3	4	5	6	7	8	9	10	11	12
2	1												
3	2												
4	3												
5	4												
6	5												
7	6												
8	7												
9	8												
10	9												
11	10												
12	11												
13	12												

この表を30秒以内に完成することができた方は、おそらく実務に必要

4

な最低限のExcelスキルを身に付けているはずです。

　30秒以上かかったという方は、 実務でExcelを使うにあたって必要なスキルに、 漏れのある可能性があります。

　以下の手順で作業を再現して、30秒以内に完成することを確認してください。

【 手 順 】 (ショートカットキーの内容は24ページを参照)

❶ ↑ ↓ ← → キーを使ってB2セルを選択します

❷ 「=A2」と入力後、 F4 キーを3回押して 「=$A2」 とします。 続けて 「*B1」 と入力後、 F4 キーを2回押して 「=$A2*B$1」 とします

❸ CTRL キーを押しながら ENTER キーを押して行を変えずに確定します

❹ CTRL キーを押しながら C キーを押してコピーします

❺ CTRL キーと SHIFT キーを両方押しながら END キーを押してペーストする範囲を選択します (ノートPCの場合、 CTRL キーと SHIFT キーと FN キーを押しながら → キーを押すことがあります)

❻ CTRL キーを押しながら V キーを押してペーストします

　これで完成です。

　キーボード操作に慣れてしまえば、 30秒もかからずに表が完成することがお分かりいただけることでしょう。

　Excelマニアなら手順を変えるだけでさらに2ステップ省略できることに気付くかもしれません。

　実はもっとすごいことがあります。 勘の良い方はお気付きになったかと思います。

　たとえこの表が1000×1000でも、 10000×10000でも、 手順は同じということです。

　これがExcelを使う実務に大きな差となって現れます。

　この手順を理解し、 実践できる人とそうでない人では、 効率性、 正確

性の点で仕事のパフォーマンスが大きく異なっているのです。

　　ここでは実務に必須の
・絶対参照、相対参照
・ショートカットキー
　を使っています。

　この設問に登場するスキルは、実務の中で幅広く応用できます。

　絶対参照を知らずに仕事でExcelを使っているがために、膨大な時間を無駄にするばかりでなく、ミスをするケースが上場企業においても散見されます。

　私が仕事で接することの多い上場会社の優秀な皆さんも、同じ所でつまずき、悩んでいます。
　中には自分がとんでもない非効率的な作業をしていることさえ気付かずに、Excelの前で毎日何時間も過ごしている方もいらっしゃいます。

日本人のITリテラシーは思っているほど高くありません

　非常に残念な調査結果があります。

　平成25年10月に公表された、OECD（経済協力開発機構）の「国際成人力調査」によれば、日本は調査対象の3分野のうち「読解力」と「数的思考力」のスキルは世界でトップでした。
　学校でしっかり勉強している国語と数学の能力が世界でナンバーワンということは、日本は教育水準が高いことの証明でもあると思います。
　ところが残る1分野である

「ITを活用した問題解決能力」

　のスキルはOECD加盟国の中で平均並みの10位という結果になりました。

はじめに

　日本人のITリテラシーは世界的にみて決して高いとはいえないのです。
　あなたが周りの人と比べて「パソコンは苦手」と思っていたとしたら、それは世界標準で平均より劣ることを意味するのかもしれません。

　でも悲観することはないと思っています。
　むしろ私は希望を持って良いと思います。

　「読解力」と「数的思考力」で世界トップの国民が、「ITを活用した問題解決能力」のスキルは平均並みというのは、決して能力がないからではありません。世界は「ITを活用した問題解決能力」を、「読解力」や「数的思考力」と同じくらい重要なスキルとして評価しているのに、日本はまだそれに気付いておらず、教育が確立していないだけなのです。
　監査の現場で会話をしていると、

　IT ⇒ 特殊な人がやる特殊な仕事
　Excel ⇒ スタッフがやるべき仕事

という雰囲気を感じます。皆さんの職場ではいかがでしょうか。
　このような雰囲気がなくなり、「ITを活用した問題解決能力」は、すべてのビジネスパーソンが身に付けるべきスキル、というのがあたり前になれば、「ITを活用した問題解決能力」のスキルでも世界のトップに立つのは容易なことだと思います。

　もちろんマネジメントの立場にある人が、自らシステムを操作したり、Excelの関数やプログラミングを覚えたりする必要はありません。
　ただ、ITやExcelの力を理解して、組織を正しい方向に導くのはマネジメントの仕事です。
　正しいExcelの使い方を知らずに、何時間もExcelの前に座っている部下を放置しておくのは、仕事中に居眠りしている部下を注意しないのと同じです。

7

これからのビジネスパーソンは
「ITを活用した問題解決能力」が
重要になります

もうひとつ問題を解いてみてください。

「1から100までの数字を足すといくつになりますか?」

頑張って足し算してはいけません。
これにはヒントがあります。

まず、1から100の数列を頭に思い浮かべます。

1	2	3	…	98	99	100

次に、この下に100から1の数列を思い浮かべます。

1	2	3	…	98	99	100
100	99	98	…	3	2	1

最後に上と下を足し算します。

1	2	3	…	98	99	100
100	99	98	…	3	2	1
101	101	101	…	101	101	101

すると101が100個できます。
これに気付いてしまえば暗算でも答えが求められます。

$(1 + 100) \times 100 \div 2 = 5050$

私はセミナーの度にこの話をします。
なぜかといえば、これが「ITを活用した問題解決能力」を学ぶということだからです。

1から100までを足し算するととても大変です。人によってはミスもし

8

ます。

　次の日には、「20から120まで足しなさい」という仕事が待っていて、また同じ時間をかけて足し算をします。

　一カ月後には、「1から1000まで足しなさい」と言われるかもしれません。

　一年後には、「1から10000まで足しなさい」と言われるかもしれません。

　そういう状況になってから「時間がありません」とか「できません」と言ってしまいがちですが、本当にそうでしょうか。

　先程の考え方を式にすると

$(1＋n)×n÷2$

という関数の形になります。
　これを知っているか、自分で導き出すことができれば、どんなに数が大きくなっても瞬時に答えを出すことができます。
　これが

「ITを活用した問題解決能力」

だと私は考えています。
　ITやExcelには、一瞬にして足し算を掛け算に変えてしまう力があります。

　しかしこの式は誰にとっても使いやすい式ではありません。この式を使うためには掛け算と割り算が身に付いていることが前提となっているのです。
　掛け算と割り算を習っていない小学生に1から100まで足す問題をだした時、

「この式を使って計算した方がいいよ」

　とアドバイスしても彼らは足し算を選ぶでしょう。
　掛け算と割り算が身に付いていない彼らにとって、この式は便利なものだとは思えません。

　同様に、どんなに便利な関数を紹介しても、どんなに素晴らしいシステムの機能を紹介しても、基本が身に付いていない人にとっては便利なものだとは思えません。
　今、社会で活躍している日本人の多くはIT教育を受けていません。
　プログラミングが義務教育化される2020年以降は状況が変わって来るかもしれませんが、まだ先の話です。
　今のところITを学ぶか学ばないかはひとりひとりにゆだねられています。

　しかし多くの人が自ら学び、「ITを活用した問題解決能力」のスキルが世界の平均からトップレベルに変わった時、日本人全体のITリテラシーが世界に誇れるものになった時、日本は変わるはずです。

　これが会計士ながらExcelセミナーを続ける私のモチベーションです。
　自身のITスキルを高めたいと考えてセミナーに参加してくれる方々に、「ITを活用した問題解決能力」を身に付けるための基本をお伝えし、自分の力でExcelを活用して問題解決できる人を一人でも多く育てることが私の目標です。

　Excelを目の前にして悩める皆様が不毛な作業から解放され、より付加価値の高い仕事に時間を割けるようになり、ひいては日本の生産性が向上し、本書が日本経済を活性化させる一助になることを切に願っております。

一木伸夫

会計士が教えるスゴ技Excel ── 目次

はじめに *2*

本書の特徴 *2*

本書の使い方 *3*

この問題が解けますか? *4*

日本人のITリテラシーは思っているほど高くありません *6*

これからのビジネスパーソンは
「ITを活用した問題解決能力」が重要になります *8*

第1章
実務に最低限必要な
Excelの関数・機能をご紹介します

まずはこの6つをマスターしましょう *16*

絶対参照、相対参照 *17*

VLOOKUP関数 *17*

COUNTIF関数とSUMIF関数 *18*

文字列操作関数 *18*

ピボットテーブル *19*

書式、条件付き書式 *19*

ショートカットキーを使って生産性の高い仕事をしましょう *20*

「Excelは自分の仕事ではない」は本当ですか? *21*

子供のように素直に基礎を身に付けるようにしましょう *22*

仕事が早くなるショートカットキーをご紹介します *23*

第2章
絶対参照を知らずに
仕事でExcelを使ってはいけません

Excelの基本は参照です *26*

数式を使うために知っておくべきこと *27*

「=」の意味 *27*

TRUEとFALSEを理解しましょう **27**

実際にセルの参照をしてみましょう **28**

コピー&ペースト(コピペ)が効率化の鍵です **29**

イノベーションを生むには試行錯誤を繰り返すことが重要です **30**

相対参照を理解しましょう **32**

編集モードと参照モード **32**

絶対参照を理解しましょう **34**

複合参照がExcelを楽しく便利にしています **37**

第3章
絶対参照をマスターしてひとつの数式で 大きな表を作れるようになりましょう

利益をシミュレーションしてみましょう **42**

販売単価が変わった時の利益シミュレーション **42**

常に参照を確認してください **46**

絶対参照を付けてコピペすると瞬時に仕事が終わります **47**

コピペする時にマウスを使ってはいけません **48**

複合参照で二次元の表を完成させます **52**

まずはそのままコピペしてみます **52**

行だけ絶対参照と列だけ絶対参照の組み合わせが
実務におけるExcelの基本です **54**

絶対参照は補助なし自転車を練習するプロセスと同じです **55**

上達のために試行錯誤は欠かせません **57**

第4章
COUNTIF関数・SUMIF関数・ VLOOKUP関数の基本を学びます

まずはパラメータの少ない関数で範囲選択の基本を学びます **60**

構造を知れば関数は怖くない **60**

パラメータの種類　**61**

条件に合致するセルの数を数えるCOUNTIF関数　**63**

まずは名簿の総数を数えます　**63**

次に名簿の中から「自民党」に所属する議員の数を数えます　**67**

パラメータをセル参照する　**70**

典型的なミスに注意してください　**71**

条件に合致するセルを合計するSUMIF関数　**76**

「自民党」に所属する議員の資産残高と収入を合計します　**76**

参照を工夫して隣の列もコピペで作成しましょう　**79**

条件に合致するセルを参照するVLOOKUP関数　**84**

パラメータの意味を正しく理解してください　**84**

まずは「姓」を参照します　**85**

パラメータをセル参照する　**90**

第5章
文字列操作関数は
あなたの仕事を劇的に変えます

例えばこんなケースで文字列操作関数を使います　**96**

テキストデータを思い通りに加工する　**96**

まずは文字列から一部分だけを取り出す方法を身に付けます　**97**

すべての文字列操作関数に目を通してください　**102**

日付の秘密を知っていますか？　**105**

文字列操作関数を使って郵便番号を完成させる方法　**105**

日付と書式の関係は必ずマスターしてください　**107**

末日の求め方　**114**

経理・総務や経営企画でよく使う表示形式　**115**

文字列を他の文字列に一気に書き換える「置換」　**117**

第6章
初めてのピボットテーブル

こんな仕事を頼まれたらどうしますか？ *120*
ECサイトのログを集計してください *120*

鉄板活用法をお教えします *121*

たったこれだけの操作でここまでできます *123*
集計したいデータの範囲を選択する *123*

ピボットテーブルをクリックする *124*

集計する項目をドラッグ＆ドロップする *126*

見た目を整える *127*

こんなわがままにも一瞬で対応できます *135*

大量データを効率よく集計するために
「フラグ」を活用しましょう *138*
まずは手作業で「フラグ」を立てる方法を学びます *138*

フィルターの解除は「クリア」を使いましょう *140*

ピボットテーブルの集計範囲が変わった時の手順 *141*

明細を表示することもできます *146*

関数を使って「フラグ」をたてられるようになれば
集計は自由自在です *147*
支店別月別売上集計と関数の復習 *147*

いつまでもピボットテーブルのままではいけません *156*

おわりに──Excel上達のために私が心がけていること── *157*
関数や数式は極力シンプルに、他人が見ても理解できるよう記述する *157*

手でやった方が早いとは思わないで、
Excelにできないことはない、と信じて調べる *157*

常に1桁2桁データ量が増えた時のことを考えて組み立てる *158*

安易にマクロに頼らない *158*

第1章

実務に最低限必要な
Excelの関数・機能を
ご紹介します

まずはこの6つを
マスターしましょう

実務でExcelを使うにあたって最低限マスターすべき関数・機能は以下のとおりです。

- ✓ 絶対参照、相対参照
- ✓ VLOOKUP
- ✓ COUNTIF、SUMIF
- ✓ LEFT関数等の文字列操作関数
- ✓ ピボットテーブル
- ✓ 書式、条件付き書式

たった6つですが、これらの関数を知っているとか、使ったことがあるというレベルではいけません。

白紙のExcelからこれらを使って実務上の問題を解決できるレベルになる必要があります。

組織内で共有するExcelは、使用する関数や機能をこの6つをベースにして制限することをお薦めします。

Excelが得意な方は自分で勉強してどんどん新しい関数を習得していきます。Excelには便利な関数や機能がたくさんありますが、すべての人が容易に理解できるものばかりではありません。野放しにしておくと作成者以外が理解できず、メンテナンスのしにくいExcelシートができあがってしまいます。

組織全体の生産性を向上させるためには、Excelの得意な一部の人に頼らず、組織全体の底上げを図ることが必要となります。

まずは簡単にポイントを解説します。

絶対参照、相対参照

「参照」がExcelの基本です。

「参照」をきちんと理解しないまま実務Excelを使っているがために、ミスをしたり、非効率な作業をしたりするケースが散見されます。

私の講座では実務家の立場から、

「参照を理解せずに仕事でExcelを使ってはいけない」

と伝えています。

まずは参照を使って少ない数式で大きな表を作成するスキルを身に付けましょう。

自分は初心者ではないから参照なんて関係ないと思っている方は大きな誤解をしています。サッカーにおけるシュート練習に終わりがないように、Excelにおける参照の活用にも終わりがありません。

VLOOKUP関数

VLOOKUP（ブイルックアップ）関数は「使っている」人は多いですが、正しく「理解している」人は多くないのが現状です。

VLOOKUP関数を正しく理解して実務で活用できるということは、ExcelをExcelらしく活用するための第一歩といえます。

なんとなく使えているからよしとするのではなく、パラメータの意味をひとつひとつ丁寧に理解することが重要です。

意味を理解せずに見よう見まねで使っていると大きなミスをする可能性があるので注意が必要です。

絶対参照を理解せずにこの関数を使っている方はミスをしている可能性が大きいです。

VLOOKUP関数を応用的に使うためにも基本の理解は重要です。

【かんたん解説】

VLOOKUP(検索値,範囲,列番号,検索方法)

範囲の左端の列から検索値を探し出して行を特定し、列番号で列を指定することにより、行と列が交差したセルを表示する関数です。

COUNTIF関数とSUMIF関数

　Excelは「表計算ソフト」とよばれるように、「集計」が得意なアプリケーションです。

　Excelで「集計」するときに欠かせないのが、COUNTIF（カウントイフ）関数とSUMIF（サムイフ）関数です。

　実務では絶対参照と一緒に使うので、必ず参照とセットで理解する必要があります。絶対参照を理解せずに使って集計を誤っているケースが散見されます。

　応用範囲も広く、上級者はあっと驚くような活用をします。

【かんたん解説】
　COUNTIF(範囲,検索条件)
　SUMIF(範囲,検索条件,合計範囲)
　COUNTIF関数は範囲の中から検索条件に合致するセルを探してその数を教えてくれる関数です。

　SUMIF関数は検索条件に合致する合計範囲の数字を合計してくれる関数です。

文字列操作関数

　文字列操作関数は知らない人が多い関数ですが、知っているのと知らないのとで大きく差が付く可能性のある関数が多く含まれています。

　このため私の講座では、すべての文字列操作関数に目を通してください、とお伝えしています。

　使い方が簡単な関数が多いですが、アイデア次第で活用は無限大です。

【かんたん解説】
　その名のとおり文字列を加工するための関数が含まれています。

　例えば「161001」という数字を「2016年10月1日」と加工する時に使います。

ピボットテーブル

　Excelに「ピボットテーブル」という機能がありますが、食わず嫌いの人が多いのが特徴です。

　「ピボットテーブル」は簡単で強力な集計ツールなので、使わないのは非常にもったいありません。

　簡単な事例で手順を覚えれば、誰でも実務で活用できるようになります。

書式、条件付き書式

　書式というと、色を付けたり、罫線を引いたりすることが思いつきますが、それだけではありません。単なる数字をいろいろな形で表示する「表示形式」は知っているのと知らないのとで大きな差がつきます。特に日付と表示形式の関係はExcelで仕事をする以上、必ず理解しなくてはなりません。

　一定の条件を満たしたときに書式を付けることができる「条件付き書式」も知っていると役に立つ機能です。

【かんたん解説】

　書式は例えば「2016/10/1」という日付を「平成28年10月1日(土)」と表示する時に使います。

第1章　実務に最低限必要なExcelの関数・機能をご紹介します

ショートカットキーを使って生産性の高い仕事をしましょう

　ある外資系金融出身の経営者の方とお話したことがあります。

　その方もExcelが得意とのことで、Excel談議に花が咲いたのですが、その方曰く、外資系金融では同じトレーニングセンターに人を集めて、厳しいExcelトレーニングを課すそうです。

　トレーニングの最初に講師が言った言葉が、

「マウスをひっくり返しなさい」

　だったそうです。いかにも外資系らしい言い回しですよね。

　これはExcelを使う時には、マウスを使わずにキーボードだけで操作しなさいという意味です。

　なぜこんなことを高学歴のエリート達に対して強要するのでしょうか。

　それはマウスを使わずにExcelを操作できるか否かが、仕事の生産性を大きく左右することを彼らは知っているからです。

　時間単価の高い人の作業時間を1分でも1秒でも短くして、付加価値の高い仕事に充てる時間を十分に確保したい、という思いが厳しいトレーニングに表れているのだと思います。

　「マウスをひっくり返しなさい」は名言だと思います。

　外資系ITコンサル出身の経営者の方もこう語ってくれました。

「前の職場では、Excelの前でマウスを使っているだけで、仕事ができない人間と思われていました」

　私の講座の受講生も証言してくれました。

「職場に外資系金融の方が転職してきたのでExcelの使い方を観察したのですが、先生のおっしゃることは本当でした」

「Excelは 自分の仕事ではない」 は本当ですか？

第1章 実務に最低限必要なExcelの関数・機能をご紹介します

日本だとこんな声が聞こえてきます。

「Excel作業は自分の仕事ではない。部下がやっている。その結果を見て判断するのが自分の仕事だ」

一見、理に適っているかのように見えます。

しかし多くの場合、Excelのできない上司が、Excelのできない部下に指示をして、何時間も無駄にした挙句に、不正確な資料しか出てこない、というのが実態です。

こうした資料にはExcelをきちんと使いこなしていれば、3分で正確にできる仕事もあります。

私が会計士2年目の頃です。

監査においては、増減分析というのが、最も基本的で重要な監査手続のひとつになりますが、監査現場でExcelのできない上司が、Excelのできない新人に対して、こんな指示をしていました。

「1000万円以上増減のあるセルに色を塗って」

Excelのできない新人は、何の疑問も持たず上司のいうとおりExcelとにらめっこして、マウスを使ってひとつひとつ色を塗っていました。

もちろんExcelのできない上司も何の疑問も持ちません。

見かねた私が「条件付き書式」を教えてあげたのは言うまでもありません。

21

子供のように素直に
基礎を身に付けるように
しましょう

話が横道にそれてしまいましたが、私もずっと

「極力マウスを使わずにExcelを操作してください」

と訴え続けています。
　PCを使った講座でも「マウスを使わずに私と一緒に手を動かしてください」と言っているのですが、なかなかマウスから手が離れない人が多いのです。
　習慣というのは恐ろしいものです。

　子供はなんでも上達が早いですが、これは言われたことを素直にやってみようと思う気持ちがあるからではないでしょうか。

　私も昔からマネが嫌いなので偉そうなことは言えませんが、会計士試験は、最終的にマネの重要性に気付いて合格することができました。できる人の答案を徹底的に研究してマネするのです。

　スポーツの得意な人、お茶の経験がある人なども、マネの重要性を早くから叩き込まれていると思います。

　基礎のうちから自己流でやっていては、成長に限界があるのはExcelでも同じです。
　ではマウスを使わずにどうやってExcelを操作したらよいのでしょうか。

　その答えが「ショートカットキー」です。

仕事が早くなる
ショートカットキーを
ご紹介します

ショートカットキーというのは、キーボードの組み合わせでExcelの操作を実行する機能をいいます。

普段仕事で多く使う操作には、ショートカットキーが割り当てられていることが多いです。このためショートカットキーを覚えると、マウスを使わずにExcelを操作できるようになります。

ショートカットキーは、Excelのみならず、他のアプリケーションやWindowsにもあり、共通しているものも多いです。
このため、Excelでショートカットキーを覚えてしまえば、PCを使った作業全体が効率化します。

次頁に私がよく使うショートカットキーを載せておきます。
ショートカットキーも場面に応じていろいろな使い方があります。
本書の中でもいくつか実践的な使い方を紹介します。
なるべくオーソドックスで使いまわしのきく方法を載せたつもりですので、実際に手を動かしながらマスターしてください。
マウスになれている方は最初は苦しいと思いますが、毎日Excelを使っている方なら必ず違いが分かるはずです。

【覚えるべきショートカットキー】
優先度の高い順に並べてみたので参考にしてください。

ノートPCなどで HOME 、 PGUP 、 PGDN 、 END を入力する時に、 FN キーと ↑ ↓ ← → キーを組み合わせることがあります。

Ctrl	Alt	Shift	他のキー	機能
Ctrl			C	[コピー]の実行
Ctrl			V	[貼り付け]の実行
Ctrl			Z	直前の操作を元に戻す
Ctrl			S	ファイルを上書き保存
	Alt		TAB	ウィンドウ切替(Windowsの機能)
		Shift	↑↓←→	範囲選択
Ctrl			↑↓←→	データの途切れるセルにジャンプ
Ctrl		Shift	↑↓←→	データの途切れるセルまで選択
Ctrl			PageDown	次のシートを表示
Ctrl			PageUp	前のシートを表示
			F2	セルの編集
			F4	絶対参照、相対参照の切り替え
			ESC	編集モードのキャンセル等
Ctrl			F	検索ウィンドウ起動
Ctrl			X	[切り取り]の実行
Ctrl			Y	直前操作の繰り返し
	Alt		Enter	セル内改行
Ctrl			End	最後のセルにジャンプ
Ctrl		Shift	End	アクティブセルから最後のセルまで選択
Ctrl			Home	先頭のセルにジャンプ
Ctrl			1	セルの書式設定ウィンドウ起動
Ctrl			-	セル・行・列の削除
Ctrl			+	セル・行・列の挿入
Ctrl			Enter	一括確定
Ctrl			A	全て選択
Ctrl			H	置換ウィンドウ起動
Ctrl			D	上のセルのコピー&貼り付け
Ctrl			R	左のセルのコピー&貼り付け
Ctrl			P	印刷
Ctrl			SPACE	列選択
		Shift	SPACE	行選択(漢字オフを忘れずに)
	Alt		F5	ピボットテーブルのデータ更新
Ctrl			.	選択範囲内のセル移動

第2章

絶対参照を知らずに
仕事でExcelを
使ってはいけません

Excelの基本は
参照です

　絶対参照が何かを学ぶ前に、参照とは何かを正しく理解しなくてはなりません。ここを「なんとなく分かる」レベルで放置しておくと、実務で応用が利きませんので、しっかり身に付けてください。

　Excelを起動すると、シートがたくさんのマスに区切られています。このマスをセルといいます。

　参照とはExcelにおいて、あるセルの数式から他のセルやセル範囲を指定することをいいます。

　なぜこんなことをするのでしょう。

　それは他のセルの値や計算結果を再利用するためです。
　セル参照の巧拙で、Excelを使った仕事の生産性が変わるといっても過言ではありません。

　セルの指定はExcelの番地を利用します。
　番地は通常「A1」という形式で記述し、「A」は列を「1」は行を表します。
　範囲を指定する時は、範囲の左上のセルと右下のセルを「:」（コロン）でつなげます。例えば「A1:B2」のようになります。

数式を使うために知っておくべきこと

「=」の意味

　セルには文字列や数字の他に、数式を入力することができます。
　数式と文字列や数字を区別するために、数式を入力する時は「=」から入力します。

　Excelにおいて、最初の「=」は「等しい」という意味ではなく、「代入する」という意味になります。

　Excelに「1+1」という計算をさせたい時は、セルに

　=1+1

と入力します。すると計算結果である「2」という値がセルに表示されます。

TRUEとFALSEを理解しましょう

　次に、

　=1=1

と入力してみてください。今度は「TRUE」と表示されたと思います。

　最初の「=」は「代入する」という意味であることを思い出してください。2番目以降の「=」は「等しい」という意味になります。
　すなわち、「=1=1」というのは「1=1」という数式をセルに入力する

第2章 絶対参照を知らずに仕事でExcelを使ってはいけません

という意味になり、「1=1」という数式が正しいので、Excelは「TRUE」
(真、正しい)という値を表示しているのです。
　では、

=1=2

と入力するとどうなるでしょうか。今度は「FALSE」と表示されます。
　セルに入力した「1=2」という数式が正しくないので、Excelは
「FALSE」(偽、正しくない)という値を表示しているのです。

実際にセルの参照をしてみましょう

　では数式から他のセルを参照してみましょう。
　以下のように、C1セルに1、D1セルに2、C2セルに3、D2セルに4
が入力されています。
　A1セルからC1セルを参照するには、A1セルに

=C1

と入力します。するとC1セルの値である1がA1セルにも表示されま
す。

| A1 | ▼ | : | ✕ | ✓ | *fx* | =C1 |

	A	B	C	D	E
1	1		1	2	
2			3	4	

コピー＆ペースト(コピペ)が効率化の鍵です

　同じようにB1セル、A2セル、B2セルもそれぞれD1セル、C2セル、D2セルを参照したいとします。

　このような場合にひとつずつ入力しなければならないのでしょうか。たかだか3つであればそれでも可能です。しかし、実務では何千何万というセルで同じような処理をしなくてはならないことがあります。
　ここで役に立つのがコピー＆ペースト(コピペ)です。
　コピペは必ずショートカットキーを使って実行してください。

　まずは `↑` `↓` `←` `→` キーを使ってA1セルまで移動します。
　最初が肝心ですので、マウスを使うのは我慢してください。

　A1セルを選択したらコピーを実行します。
　`CTRL` キーを押しながら `C` キーを押すとコピーが実行され、セルの周りに色がつきます。

	A	B	C	D	E
1	1		1	2	
2			3	4	

　次に貼り付ける範囲を選択します。今回はA1セルからB2セルまでの範囲を選択します。

	A	B	C	D	E
1	1		1	2	
2			3	4	

第2章　絶対参照を知らずに仕事でExcelを使ってはいけません

SHIFT キーを押しながら ↑ ↓ ← → キーを押すと範囲を選択することができます。

最後にコピーしたセルを範囲に貼り付けます。

CTRL キーを押しながら V キーを押すと貼り付けが実行され、結果が表示されます。

	A	B	C	D	E
1	1	2	1	2	
2	3	4	3	4	

【 手 順 ま と め 】

❶ ↑ ↓ ← → キーを使ってコピー元であるA1セルまで移動します。

❷ CTRL キーを押しながら C キーを押してコピー実行します。

❸ SHIFT キーを押しながら ↓ キーを1回、→ キーを1回押しペーストする範囲を選択します。

❹ CTRL キーを押しながら V キーを押して貼り付けします。

イノベーションを生むには
試行錯誤を繰り返すことが重要です

ショートカットキーを使った操作は、繰り返し実行して身に付けてください。

ショートカットキーを使った操作が大切なのは、Excelを使ったルーティン作業の生産性を向上させるからだけではありません。

30

新しい仕事や誰もやったことのない仕事をする時には試行錯誤が重要になります。試行錯誤を億劫に感じたり、時間がかかるようではイノベーションは生まれません。

ショートカットキーを使って操作できるようになると、マウスを使った場合と比較して試行錯誤が簡単になります。いろいろな処理を試したり、やり直したりの回数を増やすことができるためExcelのスキル向上にも役立ち、さらに試行錯誤の質と量が向上するのです。

正しい基本を正しい方法で反復して身に付けることがイノベーションへの近道です。

【会計士の視点】

計算力が生んだ「素数定理」

素数の規則性を発見することは、長年数学者の夢でした。

一見でたらめにみえる素数の出現に規則性を発見したのは19世紀に活躍したガウスです。ガウスは15歳から素数の規則性を探るため、わずかな空き時間を利用して膨大な数の素数を数え上げました。

この結果、次の素数が何かはわからなくても、素数の出現頻度には規則性があることを発見したのです。

これがのちに「素数定理」として証明されます。

やってみるとわかりますが、素数の数を数えるというのは気の遠くなるような地道な作業です。これを支えたのがガウスの計算力です。

天才による定理の発見というと華々しいイメージがありますが、背景にはこうした地道な作業や、膨大な試行錯誤があることを示すエピソードだと思います。

ちなみに本書で何度かご紹介している1から100の足し算は、ガウスの幼少期の逸話から拝借しています。

相対参照を
理解しましょう

編集モードと参照モード

　A1セルではC1セルを参照していたはずなのにコピペするだけで表が完成してしまうのはなぜでしょうか。

　ここで「そういうものなんだ、ふぅん」でスルーしてはいけません。

　私はこういう時、コピー元から一番遠いセルの参照を確認します。

　まずは ↑ ↓ ← → キーを使って、B2セルを選択します。

　B2セルの上で F2 キーを押すとセルが編集できるようになると同時に、参照を色付きで確認できます。これを私は「編集モード」と呼んでいます。編集モードの時は矢印キーでセル内を移動できます。↑ ↓ キーを使うとセルの先頭や最後に楽に移動できます。

　もう一度 F2 キーを押すと ↑ ↓ ← → キーでセルを選択できるようになります。私はこれを「参照モード」と呼んでいます。

　うまく使いこなせるとマウスに手を伸ばす回数が減り、作業時間を短縮できます。

　ESC キーを押すと編集をキャンセルすることができます。

　難しい参照を考えるとき、私は必ずこの方法で参照を目で見て確認します。頭で考えるだけではなかなか理解が進みません。納得する結果が得られるまで何度でも同じ手順を繰り返します。

	A	B	C	D	E
1	1	2	1	2	
2	3	=D2	3	4	

A1セルには「=C1」と入力したのに、A1セルをコピペしたB2セルは「=D2」と変化しています。

なぜこのようになってしまうのでしょうか。

コピペの操作を思い出してください。

コピー元であるA1セルから下に1行、右に1列移動したB2セルに貼り付けしました。参照も同じようにC1セルから下に1行、右に1列変化して、D2セルを参照しています。

つまり、

コピー元から貼り付け先までの動きが参照にも反映されている

のです。

このような参照を「相対参照」といいます。

【 手 順 ま と め 】

❶ ↑ ↓ ← → キーを使ってコピー元から一番遠いB2セルまで移動します。

❷ F2 キーを押すとセル編集モードに変わり、参照が色付きで確認できます。

❸ 編集モードをキャンセルする時は ESC キーを押します。

絶対参照を
理解しましょう

　コピー元の参照をそのまま変化させずにコピペしたい時があります。
そんな時は「絶対参照」を使います。
　絶対参照で覚えることはたったひとつです。
　コピペしても変化させたくない参照の行や列の前に
$（ドルマーク）
を付けるだけです。
　A1セルを絶対参照にしてからコピペをしてみます。
　参照を切り替える時にもショートカットキーを使います。

　まずは今やったコピペを元に戻します。
　CTRL キーを押しながら Z キーを押すと直前の操作が元に戻ります。
試行錯誤には欠かせないショートカットキーです。

　次にA1セルまで ↑ ↓ ← → キーを使って移動して F2 キーを押し
ます。
　セルを編集できるようになり、 ↑ ↓ ← → キーでカーソルを移動す
ることができます。
　カーソルを参照文字列「C1」の上に移動し、 F4 キーを1回押すと
$C$1
と変わります。

	A	B	C	D	E
1	=$C$1		1	2	
2			3	4	

34

列を表す「C」にも、行を表す「1」にも「$」がついています。

これはどこにコピペしてもC1セルの参照を変えて欲しくない、ということを意味します。

ENTER キーで確定し、実際にコピペして確認してみましょう。

この時、CTRL キーを押しながら ENTER キーを押すと行を変えずに確定できます。無駄な動作をなくし、手順を最小限に抑えることができます。

↑ ↓ ← → キーを使ってA1セルまで移動します。

CTRL キーを押しながら C キーを押してコピーを実行します。

次に SHIFT キーを押しながら ↑ ↓ ← → キーを押して、貼り付ける範囲を選択します。

最後に CTRL キーを押しながら V キーを押すと貼り付けが実行され、結果が表示されます。

	A	B	C	D	E
1	1	1	1	2	
2	1	1	3	4	

今度はすべてが1になりました。

どうしてそうなるのか、コピー元から一番遠いセルの参照を確認してみましょう。

手順は先程と同じです。

コピー元から一番遠いセルの参照を F2 キーで確認します。

第2章　絶対参照を知らずに仕事でExcelを使ってはいけません

35

	A	B	C	D	E
1	1	1	1	2	
2	1	=$C$1	3	4	

　今度はA1セルに入力した「=$C$1」が、ペースト先のB2セルでも
「=$C$1」のまま変化していません。

**　参照の列の前にも行の前にも「$」がついているため、どこにコ
ピペしても参照が変化しないのです。**

　このような参照を「絶対参照」といいます。

【 手 順 ま と め 】

❶ ↑ ↓ ← → キーを使ってコピー元であるA1セルを選択します。

❷ F2 キーを押してセル編集モードにします。

❸ F4 キーを1回押して「=$C$1」とします。

❹ CTRL キーを押しながら ENTER キーを押すと改行せずに入力が確
定します。

❺ CTRL キーを押しながら C キーを押すとA1セルの周りがチカチカ
してコピーモードになります。

❻ SHIFT キーを押しながら ↓ キーを1回、 → キーを1回押し、ペー
ストする範囲を選択します。

❼ CTRL キーを押しながら V キーを押してペーストします。

複合参照が
Excelを楽しく便利に
しています

「$」 は列の前だけ、 または行の前だけにつけることもできます。
「絶対参照なんて知っている」 という方の中にも、 列または行だけを絶
対参照にできることを知らない方は少なからずいらっしゃるので注意が必
要です。

　列だけ 「$」 をつけて結果をみてみましょう。

`CTRL` キーを押しながら `Z` キーを2回押して 「=C1」 の状態まで戻し
ます。

　次にA1セルで `F2` キーを押します。

　カーソルを参照文字列の上に移動し、 `F4` キーを3回押すと
$C1
と変わります。

	A	B	C	D	E
1	=$C1		1	2	
2			3	4	

　実際にコピペして確認してみましょう。
　`CTRL` キーを押しながら `ENTER` キーを押して行を変えずに確定しま

す。

CTRL キーを押しながら C キーを押してコピーを実行します。

SHIFT キーを押しながら ↑ ↓ ← → キーを押して、貼り付ける範囲を選択します。

CTRL キーを押しながら V キーを押すと貼り付けが実行され、結果が表示されます。

	A	B	C	D	E
1	1	1	1	2	
2	3	3	3	4	

なぜこのようになるのか、いつものとおりコピー元から一番遠い参照を確認しながら考えてみましょう。

	A	B	C	D	E
1	1	1	1	2	
2	3	=$C2	3	4	

　列を表す「C」の前には「$」がついています。このためどこにコピペしてもC列を参照したまま変化しません。
　しかし行を表す「2」の前には「$」がついていません。このためコピー元からペースト先まで移動して行が変化すると、行の参照も変化します。今回はコピー元から貼り付け先まで1行下に移動したため、参照も「1」から「2」に変化したのです。その結果C2セルを参照しているのです。

38

このように行や列のどちらかのみに「$」がついている参照を「複合参照」といいます。

　この複合参照がExcelを奥深く、おもしろくかつ便利にしています。
　皆さんの周りにもExcelが得意な方がいらっしゃると思います。そういう方が作成した大きな表を注意深くご覧ください。
　必ず複合参照を使っています。

　複合参照をうまく使いこなせるかどうかで、Excelを使った仕事の生産性が大きく違ってきます。

　次章以降、実践的な場面を想定しながら複合参照の理解を深めていきます。
　キーボード操作も自然に手が動くようになるまで繰り返してください。

【 手 順 ま と め 】

❶ ↑ ↓ ← → キーを使ってコピー元であるA1セルを選択します。

❷ F2 キーを押してセル編集モードにします。

❸ F4 キーを3回押して「=$C1」とします。

❹ CTRL キーを押しながら ENTER キーを押すと改行せずに入力が確定します。

❺ CTRL キーを押しながら C キーを押すとA1セルの周りがチカチカしてコピーが実行されます。

❻ SHIFT キーを押しながら ↓ キーを1回、→ キーを1回押し、ペーストする範囲を選択します。

❼ CTRL キーを押しながら V キーを押してペーストします。

第3章
絶対参照をマスターして
ひとつの数式で
大きな表を作れるように
なりましょう

利益をシミュレーション してみましょう

販売単価が変わった時の利益シミュレーション

　あなたは出版社に勤めているとします。

　本の出版にあたって利益をシミュレーションするよう上司から指示を受けました。

　「次に出版する本は1,300円で7,000部販売する予定です。予想利益を計算して報告してください。赤字では困ります」

　あなたは最近同様の本を出版した同僚から以下のデータを集めて暗算で結論を出しました。

　　費用　　　　1,200万円
　　販売単価　　1,200円
　　販売数量　　10,000部

　「1,200万円÷1万部で一冊あたり1,200円の費用がかかるけど今回は1,300円で販売するから、(1,300円－1,200円)×7,000部＝70万円の利益がでます」

　この結論は果たして正しいでしょうか。

　利益は以下のように計算できます。

利益 ＝ 売上 － 費用

　ビジネスパーソンであれば誰もが知らなくてはならない基本ですが、これだけだと販売単価や販売数量が変化した時のケースをシミュレーションできません。

　そこで売上を以下のように分解します。

売上 ＝ 販売単価 × 販売数量

さらに、費用は通常、変動費と固定費に分けられます。

費用 ＝ 変動費 ＋ 固定費

変動費は販売数量に比例して発生する費用です。
一方、固定費は販売数量にかかわらず発生する費用です。
変動費は以下のように表すことができます。

変動費 ＝ 変動費単価 × 販売数量

これをまとめると

利益 ＝（販売単価 － 変動費単価）× 販売数量－ 固定費

となります。
　利益をシミュレーションする時にはこのように変動費と固定費を把握することが必要となります。
　変動費と固定費をきちんと把握しないとシミュレーションを誤ることになります。

　あなたは以下のように追加データを収集しました。
　　製作費(固定費)　　　　　　600万円
　　印刷・製本代等(変動費)　　 600円／冊

　今度はExcelを使って計算してみました。
　　販売単価　　　　1,300円
　　目標販売数量　　7,000部

第3章　絶対参照をマスターしてひとつの数式で大きな表を作れるようになりましょう

43

	A	B	C	D
1				
2		科目	金額(円)	
3		製作費(固定費)	6,000,000	
4		印刷・製本代(変動費)	600	
5		販売単価	1,300	
6		販売数量	7,000	
7		利益	=(C5-C4)*C6-C3	

　すると、このケースでは利益は110万円の赤字になることが分かりました。最初の試算では判断を誤るところでした（問題シート3-1）。

科目	金額(円)
製作費(固定費)	6,000,000
印刷・製本代(変動費)	600
販売単価	1,300
販売数量	7,000
利益	-1,100,000

　では販売単価や目標販売数量を変えた時、利益はどのように変わるのでしょうか。作成したExcelでいろいろと金額を変えてシミュレーションしてみましたが、なかなか全体像が見えてきません。
　そこで以下のような表を作成することを思い付きました（問題シート3-2）。

	A	B	C	D	E	F
1		固定費	6,000,000			
2		変動費単価	600			
3		販売単価／部数	6,000	6,500	7,000	7,50
4		1,200				
5		1,220				
6		1,240				
7		1,260				
8		1,280				
9		1,300				

44

作ってみたはいいものの、表を完成させてシミュレーションをするためにはたくさんの式を入力しなくてはならないことが分かり、うんざりします。

とりあえず最初の式だけ入力してみました。

	A	B	C	D
1		固定費	6,000,000	
2		変動費単価	600	
3		販売単価／部数	6,000	6,500
4		1,200	=(B4-C2)*C3-C1	
5		1,220		

Excelのコピペを使ってうまくできないか、試してみることにしました。数式を作成したC4セルを確定し、 CTRL + C でコピーします。 SHIFT + ↓ で範囲を選択します。 とりあえず下に5行くらい選択します。
CTRL + V で貼り付けます。

	A	B	C
1		固定費	6,000,000
2		変動費単価	600
3		販売単価／部数	6,000
4		1,200	2,400,000
5		1,220	11,471,999,400
6		1,240	27,547,029,899,250,000
7		1,260	-316,019,406,246,412,000,000,000,000
8		1,280	8,705,394,117,585,130,000,000,000,000,000,000,000,000

こんな結果になってしまいました。

しかし一度挑戦してできなかったからといってあきらめてはいけません。 あきらめたらすべての数式を手入力するか、せっかくのアイデアをムダにするしかありません。

キーボードでセルの幅を調整する時は ALT H O I を順番にひと

第3章　絶対参照をマスターしてひとつの数式で大きな表を作れるようになりましょう

45

つずつ押して離してみてください。

常に参照を確認してください

基本に立ち返って一番遠いセルの参照を確認します。

C8セルまで ↑ ↓ ← → キーで移動して、 F2 キーで参照を確認します。

	A	B	C
1		固定費	6,000,000
2		変動費単価	600
3		販売単価／部数	6,000
4		1,200	2,400,000
5		1,220	11,471,989,400
6		1,240	27,547,023,839,250,000
7		1,260	−316,019,406,246,412,000,000,000,000
8		1,280	=(B8-C6)*C7-C5

=(B8-C6)*C7-C5
    ①   ②   ③   ④

参照をひとつひとつ確認していきます。

まず①ではB8セルを参照しています。 これは販売単価の1,280円を正しく参照していることが分かります。 ここは問題ありません。

次に②ではC6セルを参照しています。 ここは販売単価からC2セルの変動費単価を差し引くべきところですが、 C6セルの大きな数字を引き算しています。 どこにコピペしてもC2セルの変動費単価を参照すべきなので、 C2セルを参照したいのですが、 相対参照のままなのでコピペによって参照が変化してしまっています。

元の数式に戻ってC2セルの参照を絶対参照にしてからコピペすることで解決します。

③のC7セルの参照も同様です。 本当はC3セルの部数を掛け算したいところですが、 相対参照のままなので参照が変化しています。

元の数式に戻って絶対参照にしてからコピペすることで解決します。

④のC5セルの参照も同様です。 本当はC1セルの固定費を引き算したいところですが、 相対参照のままなので参照が変化しています。

元の数式に戻って絶対参照にしてからコピペすることで解決します。

CTRL + Z を使ってやり直してください。

絶対参照を付けてコピペすると
瞬時に仕事が終わります

C4セルを F2 キーで編集します。

↑ ↓ ← → キーで数式中のC1の上にカーソルを移動して F4 キーを1回押します。

同様にC2とC3も絶対参照にします。

	A	B	C	D
1		固定費	6,000,000	
2		変動費単価	600	
3		販売単価／部数	6,000	6,500
4		1,200	=(B4-$C$2)*$C$3-$C$1	
5		1,220		

CTRL + ENTER キーで行を変えずに確定します。

C4セルを CTRL + C でコピーします。

SHIFT + ↓ で範囲を選択します。 試しにC8までの5行だけを選択してみましょう。

CTRL + V で貼り付けます。

47

	A	B	C	D
1		固定費	6,000,000	
2		変動費単価	600	
3		販売単価／部数	6,000	6,500
4		1,200	−2,400,000	
5		1,220	−2,280,000	
6		1,240	−2,160,000	
7		1,260	−2,040,000	
8		1,280	−1,920,000	

販売単価が変化した時の利益が正しく計算されました。

このように参照を見直す時は CTRL + Z で元に戻してコピペをやり直してください。 コピペ後の数式を編集すると修正漏れや修正ミスの原因となります。

コピペする時に
マウスを使ってはいけません

今は試しに5行だけコピペしてみましたが、 実際には数千行、 数万行コピペするケースがあります。 この時延々と ↓ キーを押したり、 マウスでドラッグしたりするのは時間のロスです。

便利なショートカットキーがあるので必ずこの方法をマスターしてください。 大量データの取扱いが劇的に楽になります。

ショートカットキーを使った範囲選択をマスターすると、 二度とマウスには戻れません。

CTRL キーと SHIFT キーを同時に押しながら ↑ ↓ ← → キーを押すと、 データが連続した範囲を範囲選択することができます。

試しにC4セルに移動して、 CTRL + SHIFT + ↓ を押してください。

▲	A	B	C
1		固定費	6,000,000
2		変動費単価	600
3		販売単価／部数	6,000
4		1,200	-2,400,000
5		1,220	-2,280,000
6		1,240	-2,160,000
7		1,260	-2,040,000
8		1,280	-1,920,000

　一回の操作でデータが連続しているC4セルからC8セルまで選択することができました。

　では一番下の販売単価までコピペするにはどうしたらよいでしょうか。最も活用範囲の広い方法をご紹介するので、実際に手を動かしてみてください。

　C4セルの数式だけ残してあとの数式は削除しておいてください。

　まずC4セルを CTRL + C でコピーします。

　このまま CTRL + SHIFT + ↓ を押すと、Excelの限界まで範囲選択してしまいます。このため、データの連続している列を探して一番下の行まで移動し、一番下の行から範囲選択するとうまくいきます。

　次にデータの連続しているB列に ← キーで移動します。

▲	A	B	C
1		固定費	6,000,000
2		変動費単価	600
3		販売単価／部数	6,000
4		1,200	-2,400,000
5		1,220	

　ここで CTRL キーだけを押しながら ↓ キーを押すと、販売単価の一番下まで移動します。一番下まで移動したら → キーでC列に戻ります。

一番下の行から CTRL + SHIFT + ↑ を押すと、貼り付けたい範囲を選択することができます。

	A	B	C
1		固定費	6,000,000
2		変動費単価	600
3		販売単価／部数	6,000
4		1,200	−2,400,000
5		1,220	
6		1,240	
7		1,260	
8		1,280	
9		1,300	
10		1,320	
11		1,340	
12		1,360	
13		1,380	
14		1,400	
15		1,420	
16		1,440	
17		1,460	
18		1,480	
19		1,500	
20		1,520	
21		1,540	
22		1,560	
23		1,580	
24		1,600	

CTRL + V で貼り付けて完成です。

　絶対参照を工夫することで、たったひとつの数式のコピペで表を完成させることができました。

　慣れないうちは指がうまく動かないかもしれません。

50

しかし何度も繰り返せば自然と指が動くようになります。

マウスから手を放して何度も繰り返してみてください。

一度身に付いてしまえば、どんなに大きな表を作成する時でも手順は同じです。

大量データで試行錯誤する時の大きな武器となります。

【 手 順 ま と め 】

❶ ↑ ↓ ← → キーを使ってコピー元であるC4セルを選択します。

❷ F2 キーを押すとセル編集モードに変わり参照が色付きで確認できます。

❸ ↑ ↓ ← → キーと F4 キー使って必要なところを絶対参照にします。

❹ CTRL キーを押しながら ENTER キーを押すと改行せずに入力が確定します。

❺ CTRL キーを押しながら C キーを押してコピーを実行します。

❻ データが連続しているB列に ← キーで移動します。

❼ CTRL キーだけ押しながら ↓ キーを1回押し、一番下の行まで移動したら → キーでC列に戻ります。

❽ CTRL キーと SHIFT キーを両方押しながら ↑ キーを1回押し、ペーストする範囲を選択します。

❾ CTRL キーを押しながら V キーを押してペーストします。

第3章 絶対参照をマスターしてひとつの数式で大きな表を作れるようになりましょう

複合参照で
二次元の表を
完成させます

まずはそのままコピペしてみます

　今度はさらに販売数量が変化した時の表を作ってみます。
まずは先程作成した数式をコピペしてみます。

　C4セルに移動して CTRL + SHIFT + ↓ で範囲を選択します。
範囲を CTRL + C でコピーします。

　SHIFT + → で貼り付ける範囲を選択します。 今はとりあえず隣の列
だけ選択します。 この時、 コピー元も貼り付ける範囲に含めて構いませ
ん。わざわざコピー元を避けて範囲選択される方が少なからずいらっしゃ
いますが、 必要のない動作です。

　CTRL + V で貼り付けるとこんな風になってしまいました。

▲	A	B	C	D
1		固定費	6,000,000	
2		変動費単価	600	
3		販売単価／部数	6,000	6,500
4		1,200	-2,400,000	-14,409,600,000
5		1,220	-2,280,000	-13,689,600,000
6		1,240	-2,160,000	-12,969,600,000

　いつものように一番遠いセルの参照を確認します。
　D24セルまで ↑ ↓ ← → キーで移動して、 F2 キーで参照を確認
します。

52

	A	B	C	D	E
1	固定費		6,000,000		
2	変動費単価		600		
3	販売単価／部数		6,000	6,500	7,000
22		1,560	-240,000	-1,449,600,000	
23		1,580	-120,000	-729,600,000	
24		1,600	0	=(C24-$C$2)*$C$3-$C$1	

=(C24-$C$2)*$C$3-$C$1
①　　②　　③　　④

参照をひとつひとつ確認していきます。

　まず①でC24セルを参照しています。ここはB24セルの販売単価1,600円を参照すべきところですが、相対参照のままなのでコピペによって参照が変化してしまっています。

　ただし、列の参照は正しくないのですが、行の参照は正しくなっているところがポイントです。列だけ「$」をつけてからコピペすれば正しい参照になります。

　次に②でC2セルを参照しています。ここは絶対参照が付いているのでコピペによって参照が変化していません。

　その結果、正しくC2セルの変動費単価を参照しており、問題ありません。

　③ではC3セルを参照しています。絶対参照が付いているのでコピペによって参照が変化していません。

　その結果、C3セルの部数6,000冊を参照していますが、この列ではD3セルの6,500冊を参照したいところです。

　列の参照は正しくないのですが、行の参照は正しくなっているところがポイントです。列だけ「$」をはずしてコピペすれば正しい参照になります。

　④ではC1セルを参照しています。ここは絶対参照が付いているのでコピペによって参照が変化していません。

　その結果、正しくC1セルの固定費を参照しており、問題ありません。

第3章　絶対参照をマスターしてひとつの数式で大きな表を作れるようになりましょう

CTRL + Z を使ってやり直してください。

C4セルの数式だけ残してあとは削除してください。

行だけ絶対参照と
列だけ絶対参照の組み合わせが
実務におけるExcelの基本です

販売単価は常にB列に入っています。

一方、部数は常に3行目に入っています。

絶対参照を工夫すればこれらを有効に活用することができます。

C4セルを F2 キーで編集します。

↑ ↓ ← → キーで数式中の 「B4」 の上にカーソルを移動して F4 キーを3回押し、 「$B4」 とします。 これはどこにコピペしても販売単価の入ったB列の参照は変えたくないということを意味します。 行は下にコピペした時に変化して欲しいので 「$」 を付けません。

さらに ↑ ↓ ← → キーで数式中の「$C$3」 の上にカーソルを移動して F4 キーを1回押し、「C$3」 とします。 これはどこにコピペしても販売数量の入った3行目の参照は変えたくないということを意味します。 列は右にコピペした時に変化して欲しいので 「$」 を付けません。

	A	B	C	D
1		固定費	6,000,000	
2		変動費単価	600	
3		販売単価／部数	6,000	6,500
4		1,200	=($B4-$C$2)*C$3-$C$1	

CTRL + ENTER キーで行を変えずに確定します。

あとはC4セルの数式を表全体にコピペすれば完成です。

54

先程の手順を使って1列完成させ、列をコピーして表全体に貼り付けることもできますが、今回はさらに良い方法があります。

　[CTRL]キーを押しながら[END]キーを押すと、Excelシートの一番左下に移動します。Excelシートで利用している一番右の列がN列で、一番下の行が24行目だとするとN24セルに移動します。
　これに[SHIFT]キーを組み合わせて表全体を範囲選択することができます。
　ノートPCなどでは[END]キーを実行する時に、[FN]キーと[→]キーを同時に押すことがあります。

C4セルを[CTRL]＋[C]でコピーします。
[CTRL]＋[SHIFT]＋[END]（[FN]＋[→]）で範囲を選択します。
[CTRL]＋[V]で貼り付けます。

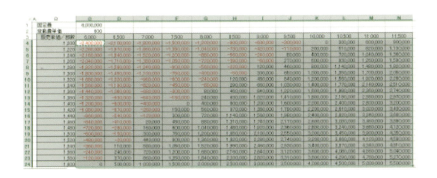

　販売単価と販売数量が変化した時の利益を一覧表示することができました。

絶対参照は補助なし自転車を
練習するプロセスと同じです

　私はこの列だけ絶対参照と行だけ絶対参照の組み合わせで大きな表を作成するテクニックを、Excelにおける九九だと考えています。

仕事でExcelを使うからには必ず身に付けなくてはなりません。

知らなくても何とかなっていると思っている人は、自身が考える以上に時間をロスしています。

九九を身に付けずに計算ドリルを解いているようなものです。

九九と同じように、絶対参照もほとんどの人は本を読んだり研修を聞いたりするだけではなかなか身に付きません。

実践の中で何度も繰り返すことが重要です。

私はこの絶対参照を身に付けるプロセスが、初めて補助なし自転車に乗る感覚に似ていると思っています。

私には子供が3人います。

長女は2か月位かけて、毎週なだめたりすかしたりしながら練習して、ようやく補助輪なし自転車に乗ることができました。

次女は補助輪を外したその日に乗ることができました。

長男は補助輪を外した瞬間に乗っていました。

子供によって早い遅いはあれ、今では3人とも同じように自転車に乗り、遠くの景色を楽しむことができます。

一度乗れてしまえば、なぜ乗れなかったのかなど思い出せなくなってしまいます。そして二度と補助輪つき自転車に乗りたいとは思わなくなります。

絶対参照も同じです。

セミナー等を通じて、多くの人に絶対参照を教えていますが、初めて絶対参照の考え方に触れて理解できるまでの時間は、人によってまちまちです。

しかし一度理解してしまえば、理解できなかった時のことなど思い出せなくなります。

絶対参照が活用できるようになれば、絶対参照のないExcelなど想像できなくなることでしょう。

そして絶対参照を理解していない人にはExcelを使った仕事を任せられなくなります。

上達のために試行錯誤は欠かせません

　Excel上級者を目指す人にとってもさらに深い参照の世界が待っています。

　Excel上級者はとても効果的な参照の使い方をします。

　より効果的で効率的な使い方を追求する時、たとえ上級者であっても試行錯誤が必要となります。

　試行錯誤を繰り返す時に大きな武器になるのがショートカットキーです。マウスを使うと同じ時間内の試行錯誤の回数が減り、結果として上達が遅くなります。実務では試行錯誤を苦も無くできることが、上達への近道になります。

　ただ手順を覚えるだけでなく、何度も試行錯誤ができるようになってください。

　試行錯誤の量と質を高めることが、Excel上達、そして実務における問題解決能力を高めるための近道です。

【会計士の視点】

Excel 初めて物語

　Excelの原点となる表計算ソフトはアメリカのビジネススクールの学生が開発したといわれています。

　当時授業の中でシミュレーションの前提を変更する時、複雑な計算をすべてやり直さなければならなかったのをみて表計算ソフトの仕組みを思い付いたそうです。

　表計算ソフトを使えば、前提となる数字が変わっても計算式が変わらなければたちどころに計算結果を求めることができます。

　歴史を振り返ってもExcelの原点は「参照」にあるといえるでしょう。

第4章
COUNTIF関数・
SUMIF関数・
VLOOKUP関数の
基本を学びます

まずはパラメータの少ない 関数で範囲選択の基本を 学びます

構造を知れば関数は怖くない

関数を学ぶ前に関数とは何かを学びましょう。

「はじめに」 で出てきた1から100の足し算を思い出してください。

1からnまでの数字を足す式は

(1＋n) × n ÷ 2

と表すことができます。

これはある値（n）が決まれば答えが出る式になっています。

このような式を 「関数」 といいます。

関数は次のように表すことができます。

f(n)＝(1＋n)n÷2

ここでnに100をいれると、

f(100)＝5050

と計算してくれます。

fを 「関数名」、nを 「パラメータ」 と呼びます。

「パラメータ」 というのは関数で答えを出すために必要な情報を意味します。 答えを導くのに複数のパラメータが必要になることもあります。

指定したパラメータに従って演算した結果を返すのが関数の役割です。

「パラメータ」 という用語に拒否反応を示す方もいらっしゃるかもしれません。 しかし、 プログラミングが義務教育化される時代にはビジネスの場で一般的に使われる用語になっているでしょう。 一部の業種ではすでに使われています。 今のうちから 「パラメータ」 は 「パラメータ」 として理解してください。

f(n) が分かりにくければ名前を変えてしまいましょう。 例えば、

1から足し算（数字）

なんていかがでしょうか。 数字に1000を入れると

1から足し算（1000）＝ 500500

と計算してくれます。

すべてのExcel関数もこれと同じ構造をしています。

関数名（パラメータ, パラメータ, ……）

使いたい関数に正しくパラメータを指定すれば、 演算結果を返してくれます。
パラメータとパラメータは 「,」 （カンマ）で区切ります。

パラメータの種類

COUNTIF関数・SUMIF関数・VLOOKUP関数は仕事でExcelを使う上で欠かせない重要な関数です。
使い方は似ているので、 一気に学習してしまいましょう。

この講義ではパラメータの意味をとらえやすくするため、 パラメータ種類の少ない関数から学んでいきます。
パラメータの種類は以下のとおりです。

61

SUM、COUNT関数→1つ
COUNTIF関数→2つ
SUMIF関数→3つ
VLOOKUP関数→4つ
　一般的にはパラメータの種類が多いほど複雑になります。
　慣れない関数を使うときは「関数の挿入」ボタンを使うと良いでしょう。非常に便利です。

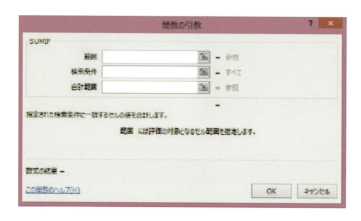

　ただし、ここで学ぶような重要関数は「関数の挿入」ボタンを使わずに使いこなせるようになりましょう。

　このテキストをみながら、実際に手を動かしてみてください。

　便利なものが常に人を正しく導いてくれるとは限りません。
　暗算や筆算ができるようになる前に、子供に電卓を使わせる親はいないと思います。
　セミナーに参加してくださる受講生を観察していると、多くは筆算を覚える前に電卓を使っている状態にあります。電卓を捨てるのは非常に勇気がいることですが、基本を身に付けるまでは便利なツールは封印してください。
　指示された単純作業をするだけなら電卓で間に合うかもしれませんが、新しい仕組みを考えなければならないような仕事では、身に付けた基本がものをいいます。

62

条件に合致する
セルの数を数える
COUNTIF関数

まずは名簿の総数を数えます

　まずは名簿の総数を数えます（問題シート4-1）。

　議員名簿から議員数を数えてみます。

　以下のように議員名簿があったとします。議員の数を数えるにはどうしたらよいでしょうか。

党	人数	割合	資産(架空)	収入(架空)
自民党				
公明党				
民主党				
共産党				
議員合計				

【議員名簿】

議員番号	衆参	姓	名	姓ふりがな	名ふりがな
00001	衆	逢沢	一郎	あいざわ	いちろう
00002	衆	相原	しの	あいはら	しの
00003	衆	青木	愛	あおき	あい
00004	衆	赤澤	亮正	あかざわ	りょうせい
00005	衆	赤松	広隆	あかまつ	ひろたか
00006	衆	赤松	正雄	あかまつ	まさお
00007	衆	赤嶺	政賢	あかみね	せいけん

　いろいろな方法が考えられますが、ここでは「議員番号」に着目します。この「議員番号」は私が勝手に割り当てたものです。「議員番号」はひとりにひとつ必ずついています。ということは「議員番号」の数を数えることができれば、議員の数が分かるのです。

　「議員番号」の数を数えるのにCOUNT関数を使います。

63

COUNT関数のパラメータ（引数）はたったひとつです。

COUNT（値）

値には通常、 セルやセル範囲を指定します。
セル範囲に含まれる数値の数を数えた結果を返すのがCOUNT関数の役割です。

マウスを使わずにキーボードだけを使って操作します。
うまくいかなかった時は、 必ず最初からやり直してください。
「いつものやり方」 でやってしまうといつまでも上達しません。

編集をキャンセルしたい時は ESC キーを押します。

まずは ↑ ↓ ← → キーを使って議員合計を表示したいB8セルを選択します。
「=cou」 と入力するとCOUNT関数が反転します。

党	人数	割合
自民党		
公明党		
民主党		
共産党		
議員合計	=cou	
	⨍x COUNT	
	⨍x COUNTA	

反転したら関数を TAB キーで確定します。
キータッチが早い人は「=count(」までをキーボードで入力しても構いません。

64

党	人数	割合
自民党		
公明党		
民主党		
共産党		
議員合計	=COUNT(	

COUNT(値1, [値2], ...)

　数えたい値が含まれる列の先頭であるA13セルを ↑ ↓ ← → キーで選択します。

8	議員合計	=COUNT(A13
9		COUNT(値1, [値2], ...)
10		
11	【議員名簿】	
12	議員番号	衆参　　姓
13	00001	衆　　逢沢

　選択したら CTRL キーと SHIFT キーを押しながら ↓ キーを押して最終行までの範囲を選択します。何千行あっても何万行あっても、これだけの操作で連続した範囲を選択することができます。

8	議員合計	=COUNT(A13:A736
9		COUNT(値1, [値2], ...)
10		
11	【議員名簿】	
12	議員番号	衆参　　姓
735	00723	参　　渡辺
736	00724	参　　鰐淵

　すべてのパラメータの入力が終了したので「)」で閉じて ENTER キーで確定します。
　「724」と表示されましたでしょうか。

65

党	人数
自民党	
公明党	
民主党	
共産党	
議員合計	724

=COUNT(A13:A736)

　慣れないと指がうまく動かないかもしれません。 しかし慣れるとマウスを使った時の数倍の速さで入力できます。 しかもパラメータの意味が理解しやすくなります。

　あきらめずに繰り返してください。

8	議員合計	723
9		
10		
11	【議員名簿】	
12	議員番号	衆参
13	a	衆

　COUNT関数は数字のみを数えるので文字は数えません。

　試しにA13セルに 「a」 と入力してみて結果を確認してください。

【 手 順 ま と め 】

❶ ↑ ↓ ← → キーを使ってB8セルを選択します。

❷ 「=cou」 と入力します。COUNTが反転していることを確認して TAB キーを押します。

❸ ↑ ↓ ← → キーを使ってA13セルを選択します。

❹ CTRL キーと SHIFT キーを押しながら ↓ キーを押して最終行までの範囲を選択します。

> ❺ 「)」で閉じて ENTER キーで確定します。

数値ではなく文字列を数えたい時もあります。

その時はCOUNTA関数を使います。指定した範囲内で、空白ではないセルの数を返してくれます。使い方はCOUNT関数と同じです。

たとえば 「党」 列から空白ではないセルの数を数えるときは

=COUNTA(I13:I736)

となります。

次に名簿の中から
「自民党」に所属する議員の数を数えます

次に名簿の中から 「自民党」 に所属する議員の数を数えます。

「自民党」 に所属する議員の数は 「党」 列から 「自民党」 のセルを数えることができれば分かります。

範囲の中から条件に合致するセルの数を数えるのにCOUNTIF関数を使います。

COUNTIF関数のパラメータは2つです。

COUNTIF(範囲 , 検索条件)

範囲はCOUNT関数で指定したものと同じ意味です。

範囲の中から検索条件に合致するセルの数を数えてくれます。

まずは検索条件を直接指定する方法をマスターします。

「自民党」 の数を数えたいのでB4セルを選択します。

「=cou」と入力し、↓ キーを使ってCOUNTIFを反転させて TAB キーを押します。 もちろんすべてキーボードで入力したほうが早ければこれにこしたことはありません

第4章 COUNTIF関数・SUMIF関数・VLOOKUP関数の基本を学びます

党	人数	割合
自民党	=cou	
公明党	ⓕ COUNT	
民主党	ⓕ COUNTA	
共産党	ⓕ COUNTBLANK	
議員合計	ⓕ COUNTIF	

範囲の先頭であるI13セルを選択します。

CTRL キーと **SHIFT** キーを押しながら **↓** キーを押して最終行までの範囲を選択します。

3	党	人数	割合
4	自民党	=COUNTIF(I13:I736	
5	公明党	COUNTIF(範囲, 検索条件)	
6	民主党		

次のパラメータを入力するために「,」（カンマ）を入力します。

すると**検索条件**が太文字になります

検索条件は 「"自民党"」 と入力します。

数式の中で文字列を指定する時は、 文字列をダブルクォーテーション（"）で囲みます。

党	人数	割合	資産(架空)
自民党	=COUNTIF(I13:I736,"自民党"		
公明党	COUNTIF(範囲, 検索条件)		
民主党			
共産党			

すべてのパラメータの入力が終了したので 「)」 で閉じて **ENTER** キーで確定します。

68

=COUNTIF(I13:I736,"自民党")

「自民党」 という文字列の数を数えることによって、 自民党に所属する議員の数を求めることができました。

党	人数
自民党	203
公明党	
民主党	
共産党	
議員合計	724

他の党も同様に入力すると、 違うのは**検索条件**だけであることに気が付きます。

=COUNTIF(I13:I736,"自民党")

=COUNTIF(I13:I736,"公明党")

=COUNTIF(I13:I736,"民主党")

=COUNTIF(I13:I736,"共産党")

何度も同じことを入力するのは面倒です。
「面倒」 などというと 「横着者!」 と叱られそうですが、 「ITを活用した問題解決能力」 を身に付けるにあたって、 「同じことを、 何度も、 手作業でやってはいけない」 というのは重要なことです。
数学のように、 たった一行で無限を証明してしまうようなエレガントさを追求しましょう。 このためには 「観察による規則性の発見」 が重要になります。

パラメータをセル参照する

よく観察すると、A列に**検索条件**となる党名がすでに入力されていることに気付きます。

数式の中から**検索条件**が入力されたセルを「参照」することで、**検索条件**を式の中に直接入力しなくてもすみます。

もう一度最初から入力します。
何度でも繰り返してキーボード操作を身に付けてください。

B4セルを選択します。
「=cou」と入力し、↓キーを使ってCOUNTIFを反転させて TAB キーを押すとセルの参照を ↑ ↓ ← → キーで選択できます。

範囲の先頭であるI13セルを選択します。
CTRL キーと SHIFT キーを押しながら ↓ キーを押して最終行までの範囲を選択します。

次のパラメータを入力するために「,」（カンマ）を入力します。
検索条件は「"自民党"」と入力する代わりに、「自民党」という文字列が入ったA4セルを指定します。← キーを押してA4セルを選択します。

3	党	人数	割合	
4	自民党	=COUNTIF(I13:I736,A4		
5	公明党	COUNTIF(範囲, 検索条件)		

「)」で閉じて ENTER キーで確定します。

=COUNTIF(I13:I736,A4)

検索条件を参照しても、直接指定した時と同じように自民党に所する議員の数を求めることができました。

70

検索条件を直接入力した場合に比べて、メンテナンスしやすい式になっています。党名を変更したい場合には式を修正する必要はなく、参照先であるA4セルだけ変更すればすむからです。

典型的なミスに注意してください

他の党はコピー&ペースト（コピペ）で作成してみましょう。

↑ ↓ ← → キーを使ってコピー元であるB4セルを選択し、CTRL キーを押しながら C キーを押してコピーを実行します。

SHIFT キーを押しながら ↓ キーを押して貼り付ける範囲を選択します。これはWindowsで共通のショートカットキーです。ファイルの選択にも使えます。

党	人数
自民党	203
公明党	
民主党	
共産党	
議員合計	724

CTRL キーを押しながら V キーを押して貼り付けします。

一見、正しく集計されたように見えます。
実はここに大きな落とし穴があります。
コピー元であるB4セルから一番遠い貼り付け先である、B7セルの参照を確認します。確認する時は必ず F2 キーを押して、参照範囲を目で見て確認してください。

7	共産党	=COUNTIF(I16:I738,A7)		
8	議員合計	724		
9		NG		
10				
11	【議員名簿】			
12	議員番号	衆参	姓	名	党
13	00001	衆	逢沢	一郎	自民党
14	00002	衆	相原	しの	民主党
15	00003	衆	青木	愛	民主党
16	00004	衆	赤澤	亮正	自民党
17	00005	衆	赤松	広隆	民主党

範囲が下にズレています。

コピー元の範囲に絶対参照がついていないため、下にコピペすると範囲の行も変化してしまうのです。

実務でよく見かけるミスです。しかも一見正しく集計されているように見えるので、気が付きにくいことがあります。

私が口をすっぱくして

「絶対参照を知らずに仕事でExcelを使ってはいけません」

という理由のひとつはここにあります。

仕事で集計を誤ったら致命的なケースもあります。

にもかかわらず、このようなミスは上場会社においても散見されます。

コピペで表を完成させるためには、範囲を絶対参照にする必要があります。

セル範囲は、範囲の左上のセルと右下のセルをコロン (:) で繋げて作成します。

ということは、左上のセルと右下のセルの行も列も絶対参照にしておけば、どこにコピペしても範囲が変わることはありません。

もう一度最初から入力します。

CTRL キーを押しながら Z キーを押すと、直前の状態に戻ります。

繰り返してキーボード操作を身に付けてください。

B4セルを選択します。

「=cou」と入力し、↓キーを使ってCOUNTIFを反転させて TAB キーを押して参照モードにします。

範囲の先頭であるI13セルを選択します。
CTRL キーと SHIFT キーを押しながら↓キーを押して最終行までの範囲を選択します。
ここで F4 キーを1回押すと、範囲全体が絶対参照になります。

3	党	人数	割合	資産(架空)
4	自民党	=COUNTIF($I$13:$I$736		
5	公明党	COUNTIF(範囲, 検索条件)		
6	民主党			

次のパラメータを入力するために「,」（カンマ）を入力します。
検索条件は ← キーを1回押してA4セルを選択します。

「)」で閉じて ENTER キーで確定します。

=COUNTIF($I$13:$I$736,A4)

他の党をコピー&ペースト(コピペ)で作成してみてください。
手順は先程と同じです。
コピペの際にコピー元を避けて貼り付ける範囲を選択する方が多いのですが、コピー元も貼り付け範囲に含めて問題ありませんし、手順も少なくて済みます。

コピペしたら、コピー元であるB4セルから一番遠い貼り付け先であるB7セルの参照を、 F2 キーを押して目で見て確認してください。

73

7	共産党	=COUNTIF($I$13:$I$736,A7)		
8	議員合計	724		
9		OK		
10				
11	【議員名簿】			
12	議員番号	衆参	姓	名	党
13	00001	衆	逢沢	一郎	自民党
14	00002	衆	相原	しの	民主党

今度は正しく13行目から範囲が指定されています。

このように「パラメータのセル参照」と「絶対参照」はセットで使えるようにならなくてはいけません。
キーボード操作で作成できるように練習してください。
実務において非常に大きな力となります。

【 手 順 ま と め 】

❶ B4セルを選択します。

❷ 「=cou」と入力し、↓キーを使ってCOUNTIFを反転させて TAB キーを押します。

❸ 範囲を入力します。↑ ↓ ← →キーを使ってI13セルを選択し、CTRL キーと SHIFT キーを押しながら、↓キーを1回押します。ここで F4 キーを1回押すと、範囲全体が絶対参照になります。

❹ 次のパラメータを入力するために「,」(カンマ) を入力します。

❺ 次に検索条件を入力します。←キーを1回押してA4セルを参照します。

❻ すべてのパラメータの入力が終了したので「)」で閉じて ENTER キーで確定します。

❼ ↑ ↓ ← →キーを使ってコピー元であるB4セルを選択します。

❽ CTRL キーを押しながら C キーを押してコピーを実行します。

❾ SHIFT キーを押しながら↓キーを押して貼り付ける範囲を選択します。

❿ CTRL キーを押しながら V キーを押して貼り付けします。

各党に所属する議員が全体に占める割合も計算してみましょう。
議員合計を絶対参照にするとコピペで作成できます。

党	人数	割合
自民党	203	=B4/$B$8
公明党	43	
民主党	420	
共産党	16	
議員合計	724	

=B4/$B$8

― 会計士の視点 ―

素数はいくつあるかご存知ですか？

　正解は無限にあります。

　現在見つかっている最大の素数は2233万桁もあるそうです。

　今でも世界中のコンピュータを使って素数探しが行われています。

　なぜこんなことするかというと、ネット上の暗号化技術は素数が基礎になっていることが原因のひとつと考えられます。素数の研究が進めば進むほど暗号が強固なものになるかもしれないし、ある日突然暗号が無意味になる可能性もあるのです。

　素数が無限にあることは、紀元前にユークリッドが証明しています。一番大きな素数を仮定してこれが存在しえないということを「背理法」を使ってたった一行で証明しています。

　2000年以上たった今でも「エレガントな証明」といえばこの証明が取り上げられます。

　私はときどきExcelで素数を数えてみたい衝動に駆られます。おそらくPCが止まってしまうので着手していませんが。

　大きな素数を見つけると賞金も出るそうですよ。

条件に合致するセルを
合計するSUMIF関数

「自民党」に所属する議員の
資産残高と収入を合計します

　次に名簿の中から「自民党」に所属する議員の資産残高と収入を合計します。「自民党」を見つけてマーカーを引き、色のついた金額を電卓で足していくイメージです。資産残高も収入も私が適当に入力した数字です。

資産(架空)	収入(架空)	党
767,244	53,458	自民党
859,252	25,918	民主党
355,135	39,877	民主党
867,033	54,996	自民党
149,858	37,764	民主党
147,938	53,746	公明党
174,507	50,318	共産党
873,622	64,760	自民党

　条件に合致するセルを見つけ、金額を合計するのにSUMIF関数を使います。

　SUMIF関数のパラメータ(引数)は3つです。

SUMIF(範囲,検索条件,合計範囲)

範囲、検索条件はCOUNTIF関数で指定したものと同じです。
合計範囲は集計したい数字が含まれている範囲を、範囲に対応させて指定します。

まずは資産残高を集計します。

↑↓←→キーでD4セルを選択します。

「=sumi」と入力し、↑↓←→キーを使ってSUMIFを反転させてTABキーを押して参照モードにします。

範囲の先頭であるI13セルを選択します。
CTRLキーとSHIFTキーを押しながら↓キーを押して最終行までの範囲を選択します。
ここでF4キーを1回押すと、範囲全体が絶対参照になります。
コピペした時のことを考えて、範囲全体を絶対参照にしてください。

次のパラメータである検索条件を入力するために「,」（カンマ）を入力します。
検索条件は←キーを押してA4セルを選択してもいいですし、「a4」とキーボードで打って直接セルの番地を指定することもできます。遠く離れたセルを参照する時は直接指定したほうが早いケースがあります。

3	党	人数	割合	資産(架空)	収入(架空)
4	自民党	203	28.0%	=SUMIF($I$13:$I$736,a4	
5	公明党	43	5.9%	SUMIF(範囲, 検索条件, [合計範囲])	
6	民主党	420	58.0%		

最後に**合計範囲**を入力するために「,」（カンマ）を入力します。

合計範囲の先頭であるG13セルを選択します。

CTRL キーと **SHIFT** キーを押しながら **↓** キーを押して最終行までの範囲を選択します。

ここで **F4** キーを1回押すと、範囲全体が絶対参照になります。

ここも下にコピペした時のことを考えて、範囲全体を絶対参照にしてください。

資産(架空)	収入(架空)
=SUMIF($I$13:$I$736,a4,$G$13:$G$736	
SUMIF(範囲, 検索条件, [合計範囲])	

「)」で閉じて **ENTER** キーで確定します。

=SUMIF($I$13:$I$736,A4,$G$13:$G$736)

自民党に所属する議員の資産残高を求めることができました。
他の党は下にコピペして完成させてください。

党	人数	割合	資産(架空)
自民党	203	28.0%	104,190,176
公明党	43	5.9%	16,282,358
民主党	420	58.0%	215,733,774
共産党	16	2.2%	7,269,256

参照を工夫して隣の列も
コピペで作成しましょう

　次に収入合計を求めるのですが、**範囲**、**検索条件**は資産残高と同じはずです。違うのは**合計範囲**だけなので、コピペでできないでしょうか。
　このように思い付いたら、まずコピペしてみてください。

　D4セルを選択して CTRL キーを押しながら C キーを押してコピーを実行します。

　SHIFT キーを押しながら → ↓ キーを押して貼り付ける範囲を選択します。

　CTRL キーを押しながら V キーを押して貼り付けします。

党	人数	割合	資産(架空)	収入(架空)
自民党	203	28.0%	104,190,176	0
公明党	43	5.9%	16,282,358	0
民主党	420	58.0%	215,733,774	0
共産党	16	2.2%	7,269,256	0
議員合計	724	100.0%		

　収入が合計されません。
　コピー元から一番遠いE7セルの参照を、F2 キーを押して確認します。

7	共産党	16	2.2%	7,269,256	=SUMIF($I$13:$I$736,B7,$G$13:$G$736)				
8	議員合計	724	100.0%						
9		OK		OK	NG				
10									
11	【議員名簿】								
12	議員番号	衆参	姓	名	姓ふりがな	名ふりがな	資産(架空)	収入(架空)	党
13	00001	衆	逢沢	一郎	あいざわ	いちろう	767,244	53,458	自民党
14	00002	衆	相原	しの	あいはら	しの	859,252	25,918	民主党

　まず最初のパラメータである**範囲**ですが、これは党の列を正しく指定しています。

　次のパラメータである**検索条件**ですが、党名ではなくB7セルの「16」

79

という数字が指定されています。 本当はA7セルの 「共産党」 を指定したかったのに、 コピー元の数式が相対参照のままなので、 隣の列にコピペしたら参照も隣の列に変わってしまいました。 コピペしても**検索条件**を参照する列は変化させたくないので、 コピー元であるD4セルの**検索条件**を 「列だけ絶対参照」 （$D4） に変える必要があります。

　最後のパラメータである**合計範囲**は 「資産」 の列を指定しています。本当は収入の列を指定して欲しかったのですが、 範囲すべてが絶対参照になっているため、 コピー元から右の列にコピペしても参照は変化してくれませんでした。 コピペしたら列だけは変化して欲しいので、 列の絶対参照を外して 「行だけ絶対参照」 （G$13:G$736） にする必要があります。

　以上を踏まえて最初から数式を入力しなおします。
　元の式を修正するのもいいですが、 最初のうちは何度でも打ち直してキーボード操作を身に付けることをお薦めします。

　[↑] [↓] [←] [→] キーでD4セルを選択します。
　「=sumi」 と入力し、 [↓] キーを使ってSUMIFを反転させ、 [TAB] キーを押して参照モードにします。

　範囲の先頭であるI13セルを選択します。
　[CTRL] キーと [SHIFT] キーを押しながら [↓] キーを押して最終行までの範囲を選択します。
　ここで [F4] キーを1回押すと、 範囲全体が絶対参照になります。
　どこにコピペしても党名の**範囲**は変化して欲しくないので、 範囲全体を絶対参照にしてください。

3	党	人数	割合	資産(架空)	収入(架空)
4	自民党	203	28.0%	=SUMIF($I$13:$I$736	
5	公明党	43	5.9%	SUMIF(範囲, 検索条件, [合計範囲])	

　次のパラメータである**検索条件**を入力するために 「,」 （カンマ） を入

力します。

　検索条件はA4セルを選択し、 **F4** キーを3回押して 「$A4」 にして
ください。

　どこにコピペしてもA列の参照は変化して欲しくありませんが、 行の
参照は変化しないと他の党が参照できません。

3	党	人数	割合	資産(架空)	収入(架空)
4	自民党	203	28.0%	=SUMIF($I$13:$I$736,$A4	
5	公明党	43	5.9%	SUMIF(範囲, 検索条件, [合計範囲])	

　最後に**合計範囲**を入力するために 「,」 （カンマ） を入力します。

　合計範囲の先頭であるG13セルを選択します。

　CTRL キーと **SHIFT** キーを押しながら **↓** キーを押して最終行までの
範囲を選択します。

　ここで **F4** キーを2回押すと、 範囲の行だけが絶対参照 (G$13:G$736)
になります。

　こうしておくことで隣にコピペした時に**合計範囲**も隣の列に変化するの
です。

3	党	人数	割合	資産(架空)	収入(架空)
4	自民党	203	28.0%	=SUMIF($I$13:$I$736,$A4,G$13:G$736)	
5	公明党	43	5.9%	SUMIF(範囲, 検索条件, [合計範囲])	

　「)」 で閉じて **ENTER** キーで確定します。

=SUMIF($I$13:$I$736,$A4,G$13:G$736)

　この式を収入も含めてコピペすると、 たったひとつの式で大きな表を
完成させることができます。

	党	人数	割合	資産(架空)	収入(架空)
3					
4	自民党	209	28.0%	104,190,176	10,708,515
5	公明党	43	5.9%	16,282,358	2,273,447
6	民主党	420	58.0%	215,733,774	20,746,212
7	共産党	16	2.2%	7,269,256	872,430
8	議員合計	724	100.0%		

　逆にいえば、大きな表を作成する時は、コピペだけで完成するように**表の配置にも気を配らなくてはいけません。**

　「行だけ絶対参照」と「列だけ絶対参照」を関数と組み合わせて使えるようになれば、Excelを使った仕事の効率は飛躍的に向上します。

【 手 順 ま と め 】

❶ D4セルを選択します。

❷ 「=sumi」と入力し、⬇️キーを使ってSUMIFを反転させて TAB キーを押します。

❸ まず範囲を入力します。⬆️⬇️⬅️➡️キーを使ってI13セルを選択し、 CTRL キーと SHIFT キーを押しながら、⬇️キーを1回押します。ここでF4キーを1回押すと、範囲全体が絶対参照になります。

❹ 次のパラメータを入力するために「,」(カンマ)を入力します。

❺ 次に検索条件を入力します。⬅️キーを押してA4セルを参照します。ここで F4 キーを3回押すと、列だけ絶対参照になります。

❻ 最後に合計範囲を入力します。⬆️⬇️⬅️➡️キーを使ってG13セルを選択し、 CTRL キーと SHIFT キーを押しながら、⬇️キーを1回押します。このまま続けて F4 キーを2回押すと、範囲の行だけが絶対参照になります。

❼ すべてのパラメータの入力が終了したので「)」で閉じて ENTER キーで確定します。

❽ ⬆️⬇️⬅️➡️キーを使ってコピー元であるD4セルを選択します。

❾ CTRL キーを押しながら C キーを押してコピーを実行します。

❿ SHIFT キーを押しながら⬆️⬇️⬅️➡️キーを押して貼り付ける

範囲を選択します。

⓫ **CTRL** キーを押しながら **V** キーを押して貼り付けします。

Excelが上達すればするほど絶対参照を駆使するようになります。

頭の中で考えているだけでは複雑な参照を完成させることはできません。

数式を作成する
↓
コピペする
↓
参照を目で見て確認する

を何度も繰り返すことが重要になります。

早いうちからこの手順を身に付けてください。

第4章

VLOOKUP関数の基本を学びます
COUNTIF関数・SUMIF関数・

条件に合致するセルを
参照するVLOOKUP関数

パラメータの意味を
正しく理解してください

VLOOKUP関数は非常に有名で役に立つ関数です。VLOOKUP関数を正しく理解して使いこなせるということは、ExcelをExcelらしく使うための第一歩といえます。

派遣会社には「VLOOKUP関数が使える方限定」というリクエストもあるそうです。

にもかかわらず、VLOOKUP関数を正しく理解しないまま日常的にVLOOKUP関数を使っている方は少なからず存在します。

VLOOKUP関数のパラメータはCOUNTIF関数やSUMIF関数と似ていますが、より制限が多く複雑です。まずはパラメータの意味を正しく理解して、VLOOKUP関数を縦横無尽に使いこなせるようになってください。

VLOOKUP関数は元となる大きな表から検索値を使って行を特定し、列番号を指定してセルを参照する関数です。

Excelシートは基本的に2次元ですから、行と列が分かれば特定のセルを参照できます。

定義からして難しいですが、パラメータをひとつひとつ確認していきたいと思います。

VLOOKUP(検索値,範囲,列番号,検索方法)

最初のパラメータである検索値はSUMIF関数の検索条件と似ていますが、出席番号や社員番号のように他と重なっていてはいけないという制限があります。他と重なっていないことを「ユニーク(一意)」といいます。

これはIT時代に必須の用語なのでこのまま理解してください。

次のパラメータの**範囲**もSUMIF関数の**範囲**と似ていますが、SUMIF関数のように検索対象だけでなく参照したいセルが含まれる表全体を指定します。

範囲を指定する時は**検索値**が含まれる列が表の一番左にくるように指定しなくてはいけません。

列番号は選択した範囲の何列目に参照したい情報があるかを指定します。

最後の**検索方法**は、最初のうちは「FALSE」（完全一致）と覚えてください。ここの意味を良く理解せずに省略したり「TRUE」（近似一致）としてミスするケースをたまに見かけます。

まずは「FALSE」のケースをきっちり身に付けてください。

まずは「姓」を参照します

パラメータの意味を言葉で説明しても分かりにくいので、実践的な事例でひとつずつ説明します（問題シート4-2）。

まずは議員番号が「00684」の議員の「姓」を参照します。

⬆⬇⬅➡キーでB4セルを選択します。
「=vl」と入力し、VLOOKUPが反転していることを確認して TAB キーを押します。

議員番号	姓	名
00684	=vl	
00015	ⓕ VLOOKUP	

まず**検索値**を指定します。議員名簿の中から「00684」の議員を探し

たいので、 ← キーを使って A4 セルを選択します。

3	議員番号	姓	名	党
4	00684	=VLOOKUP(A4		
5	00015	VLOOKUP(検索値, 範囲, 列番号, [検索方法])		

　範囲を指定するために 「,」 （カンマ） を入力します。
　範囲は**検索値**である議員番号が左端になるようにして、 参照するセル全体が含まれるように指定します。
　今回は A12 セルを**範囲**の左上にして、 名簿全体を指定します。
　範囲の先頭である A12 セルを選択して、 **CTRL** キーと **SHIFT** キーを押しながら ↓ キーを1回押し、 そのまま **CTRL** キーと **SHIFT** キーを押しながら → キーを1回押して範囲を選択します。
　タイトル部分も議員番号もデータが連続している限り、 どんな大きな表もこの手順で範囲選択することができます。
　一度手順を身に付けてしまえば、 もうマウスで範囲選択する気にはなれません。

3	議員番号	姓	名	党
4	00684	=VLOOKUP(A4,A1 2:I736		
5	00015	VLOOKUP(検索値, 範囲, 列番号, [検索方法])		

　列番号を指定するために 「,」 （カンマ） を入力します。
　検索値と**範囲**を指定することで、 参照したい行を特定することができます。 あとは列を指定すれば参照するセルを特定することができます。
　列番号には指定した範囲の左端から何列目に参照したい情報があるかを数字で指定します。
　「姓」 は3列目にあるので 「3」 を指定します。

3	議員番号	姓	名	党
4	00684	=VLOOKUP(A4,A1 2:I736,3		
5	00015	VLOOKUP(検索値, 範囲, **列番号**, [検索方法])		

86

検索方法を指定するために「,」（カンマ）を入力します。

⬆️⬇️⬅️➡️キーで「FALSE」を選択して TAB キーを押して確定します。

TAB キーを押さないと省略されてしまうので気を付けてください。

3	議員番号	姓	名	党
4	00684	=VLOOKUP(A4,A12:I736,3,		
5	00015	VLOOKUP(検索値, 範囲, 列番号, [検索方法])		
6	00001		▣ TRUE － 近似一致	
7	00671		▣ FALSE － 完全一致	
8	00005			

「)」で閉じて ENTER キーで確定します。

=VLOOKUP(A4,A12:I736,3,FALSE)

議員番号「00684」の「姓」が表示されました。
喜び勇んでこのまま下にコピペすると「00001」の姓が表示されません。

議員番号	姓
00684	丸川
00015	安倍
00001	#N/A
00671	舛添
00005	赤松

「#N/A」というのは、「該当なし」という意味です。
「00001」のデータは存在するのに、なぜ表示されないのでしょうか。
膨大なデータの中で、このミスを見逃してしまうケースが実務で散見されます。

F2 キーを使ってB6セルの参照を確認しましょう。

=VLOOKUP(A6,A14:I738,3,FALSE)

6	00001	=VLOOKUP(A6,A1 4:I738,3,FALSE)		
7	00671	舛添		
8	00005	赤松		
9				
10				
11	【議員名簿】			
12	議員番号	衆参	姓	名
13	00001	衆	逢沢	一郎
14	00002	衆	相原	しの

　よく見ると「00001」の行は範囲から外れていることが分かります。範囲に絶対参照が付いていないため、コピペによって参照も移動した結果、「00001」の行が範囲から外れているため「該当なし」になったのです。

　実務では気付きにくいケースがあるので注意してください。
　このように F2 キーを使って、参照を色付きで確認する癖をつけてください。

　気を取り直して最初から入力しなおします。
　VLOOKUP関数の範囲はほぼ100％範囲ごと絶対参照です。入力時に絶対参照にするのを忘れないようにしましょう。
　右方向へのコピペも考慮して、検索値の列も絶対参照にしておきましょう。

　↑ ↓ ← → キーでB4セルを選択します。
　「=vl」と入力し、VLOOKUP が反転していることを確認して TAB キーを押します。

　まず検索値を指定します。議員名簿の中から「00684」の議員を探したいので、← キーを使ってA4セルを選択します。ここで F4 キーを3回押して「$A4」とします。

88

3	議員番号	姓	名	党
4	00684	=VLOOKUP($A4		
5	00015	VLOOKUP(検索値, 範囲, 列番号, [検索方法])		

範囲を指定するために「,」（カンマ）を入力します。

範囲の先頭であるA12セルを選択して、 **CTRL** キーと **SHIFT** キーを押しながら **↓** キーを1回押し、 そのまま **CTRL** キーと **SHIFT** キーを押しながら **→** キーを1回押して範囲を選択します。 ここで **F4** キーを1回押して「$A$12:$I$736」とします。

3	議員番号	姓	名	党
4	00684	=VLOOKUP($A4,$A$12:$I$736		
5	00015	VLOOKUP(検索値, 範囲, 列番号, [検索方法])		

列番号を指定するために「,」（カンマ）を入力します。
「姓」は範囲の3列目にあるので「3」を指定します。

検索方法を指定するために「,」（カンマ）を入力します。
↑ **↓** **←** **→** キーで「FALSE」を選択して **TAB** キーを押して確定します。

「)」で閉じて **ENTER** キーで確定します。

=VLOOKUP($A4,$A$12:$I$736,3,FALSE)

議員番号「00684」の「姓」が表示されました。
今度は表全体にコピペします。

議員番号	姓	名	党
00684	丸川	丸川	丸川
00015	安倍	安倍	安倍
00001	逢沢	逢沢	逢沢
00671	舛添	舛添	舛添
00005	赤松	赤松	赤松

すべて 「姓」 が表示されました。

なぜならば**列番号**がすべて 「3」 のままだからです。

パラメータをセル参照する

　ここでコピペ後の**列番号**を、 頑張って手作業で直してしまう方が多い
ですが、 列がたくさんあるとそれだけで大変な作業です。

　原因は 「3」 という**列番号**をベタ打ち (直接入力) していることにあり
ます。
　列番号をセルの参照にすれば、 たったひとつの数式をコピペするだけ
でうまくいきます。

　2行目に**列番号**を入れておきます。
　列番号を見せたくない時は、 印刷範囲外に列番号を入力したり、 フォ
ントの色を背景色と同じにしたりします。

2	1	3	4	8
3	議員番号	姓	名	党

　今回は最初から打ち直しせず、 セルを編集してみましょう。

　B4セルを選択して F2 キーを押すと、 セルを編集できるようになりま
す。 私は 「編集モード」 とよんでいます。
　編集モードで ↑ ↓ ← → キーを押すとカーソルがセルの中を移動し

ます。

⬆️⬇️キーで素早くセルの先頭や終点に移動することもできます。

列番号の 「3」 を削除してください。

2		1		3		4		8	
3	議員番号		姓		名		党		
4	00684	=VLOOKUP($A4,$A$12:$I$736,,FALSE)							
5	00015	VLOOKUP(検索値, 範囲, **列番号**, [検索方法])							

ここでB2セルの 「3」 を指定したいのですが、 編集モードでは⬆️
⬇️⬅️➡️キーでセルを指定することはできません。
「b2」 と直接入力してもいいのですが、 ここでもう一度 **F2** キーを押す
と⬆️⬇️⬅️➡️キーでセルを選択できるようになります。私は「参照モー
ド」 と呼んでいます。
「編集モード」 と 「参照モード」 を切り替えることで、 マウスを使わな
くてもストレスなく編集が可能となります。
B2セルを指定したら、 **F4** キーを2回押して 「B$2」 としてください。
コピペしても行は変わりませんが、 列は変わります。

2		1		3		4		8	
3	議員番号		姓		名		党		
4	00684	=VLOOKUP($A4,$A$12:$I$736,B$2,FALSE)							
5	00015	VLOOKUP(検索値, 範囲, **列番号**, [検索方法])							

=VLOOKUP($A4,$A$12:$I$736,B$2,FALSE)

同様に表全体にコピペします。 たったひとつの数式で大きな表を完成
させることができました。

党名ではなくて選挙区を表示させたい時は、 2行目の**列番号**を 「8」
から 「9」 に書き替えるだけで終了します。

91

2	1	3	4	9
3	議員番号	姓	名	党
4	00684	丸川	珠代	東京
5	00015	安倍	晋三	山口04区
6	00001	逢沢	一郎	岡山01区
7	00671	舛添	要一	比例
8	00005	赤松	広隆	愛知05区

　しかし、せっかく内容が書き換わるのに、このままだと3行目のタイトル部分は手で書き換えなくてはなりません。

　実はタイトルも自動で書き換えることができます。

　B4セルの数式をコピーしてB3セルからD3セルに「数式貼り付け」してみてください。

1	3	4	9
議員番号	姓	名	党
00684	丸川	珠代	東京

　CTRL キーと ALT キーを押しながら V キーを押すと、「形式を選択して貼り付け」ウィンドウが開きます。 ↓ キーで「数式」を選んで ENTER キーを押します。

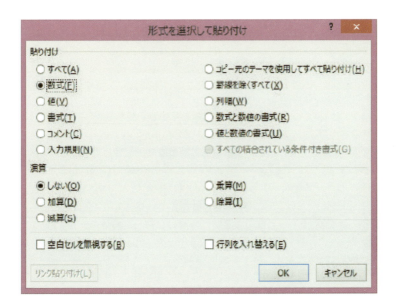

列番号を変えるだけでタイトルも書き換わります。

「議員番号」という文字列を**検索値**にして、タイトルもVLOOKUP関数で表示させるために、パラメータの**範囲**にタイトル部分の12行目から含めていたのです。

このようにVLOOKUP関数のパラメータの意味をしっかりと理解して、
・パラメータをセル参照する
・絶対参照を活用する
ことにより、手作業を大きく減らすことができます。数万行、数百列の表を作成する時には、その効果は絶大です。

基本をしっかり身に付けて、仕事に役立ててください。

【 手 順 ま と め 】

① B3セルを選択します。

② 「=vl」と入力し、VLOOKUP が反転していることを確認して `TAB` キーを押します。

③ まず検索値を入力します。`↑` `↓` `←` `→` キーを使ってA3セルを選択します。ここで `F4` キーを3回押して列だけ絶対参照にします。

④ 次のパラメータを入力するために「,」(カンマ)を入力します。

⑤ 次に範囲を入力します。`↑` `↓` `←` `→` キーを押してA12セルを選択し、`CTRL` キーと `SHIFT` キーを押しながら、`↓` キーを1回、`→` キーを1回押します。ここで `F4` キーを1回押すと、範囲が絶対参照になります。

⑥ 次のパラメータを入力するために「,」(カンマ)を入力します。

⑦ 列番号は2行目を参照します。`↑` キーを押してB2セルを指定します。ここで `F4` キーを2回押して行だけ絶対参照にします。

⑧ 次のパラメータを入力するために「,」(カンマ)を入力します。

⑨ `↓` キーで「FALSE」を選択して `TAB` キーを押して確定します。

⑩ すべてのパラメータの入力が終了したので「)」で閉じて `ENTER` キーで確定します。

⑪ `↑` `↓` `←` `→` キーを使ってコピー元であるB3セルを選択します。

⑫ `CTRL` キーを押しながら `C` キーを押してコピーを実行します。

⑬ `SHIFT` キーを押しながら `↑` `↓` `←` `→` キーを押して貼り付ける範囲を選択します。

⑭ `CTRL` キーと `ALT` キーを押しながら `V` キーを押して数式貼り付けします。

第5章
文字列操作関数はあなたの仕事を劇的に変えます

例えばこんなケースで
文字列操作関数を使います

テキストデータを思い通りに加工する

　Wordの差し込み印刷機能を使って、 大量の宛名ラベルを作成する仕事があったとします。

　Wordの差し込み印刷機能というのは、 簡単にいうとExcelデータを使って、 Wordでラベルやはがきを印刷する機能です。 ここでは解説しませんが、 非常に便利なので使えるようになるとよいと思います。

　ところが1000件の住所データが以下のようなテキスト形式でしか入手できなかったとします。

0600005札幌市中央区北五条西２ー５
JRタワーオフィスプラザさっぽろ　16F

　WEBページから住所をコピペしてきたときなどに、 このようなことがあります。

　このままではお客様に送付する宛名をきれいに印刷することができません。 お客様に送付するには、
・郵便番号の前に「〒」をつける
・郵便番号の中にハイフン(-)をいれる
・郵便番号と住所はセルを変える
・数字、 ハイフン、 カタカナは半角にする
といった作業が必要になります。
これらを手作業で1000件やると膨大な時間がかかります。

　私が普段接する機会の多い方々は真面目な方が多いので、 「仕事だから」 といって 「頑張って」 手作業でやろうとしてしまいます。

　しかし、 「ITを活用した問題解決能力」 が重視される時代に 「頑張る」 というのは、 時として危険をはらんでいます。 知っているか知らないか、

考えるか考えないか、 気が付くか気が付かないかで、 生産性がけた違いに変わる可能性があるからです。

　手作業だと何時間もかかるこの作業は、 文字列操作関数と書式を使いこなすことができれば、 一瞬で終了させることができます。

まずは文字列から一部分だけを
取り出す方法を身に付けます

　文字列操作関数というのは、 セルの中の文字列を加工するための関数の集まりで、 データの整理に威力を発揮します。
　有効活用できるようになるとコピペや打ち直しなどの2度手間がなくなり、 データを有効活用できます。
　まずマスターすべき関数は以下のとおりです。

LEFT(文字列,文字数)

RIGHT(文字列,文字数)

MID(文字列,開始位置,文字数)

LEFT関数は文字列の左から文字数だけ取り出す関数です。
文字列には参照するセルをいれます。
文字数には取り出す文字数を入れます。

RIGHT関数は右から取り出します。

　MID関数は文字列の途中から取り出すので、 開始位置を指定します。開始位置に1を指定すればLEFT関数と同じです。

　まずはLEFT関数を使って文字列の中から郵便番号だけを取り出してみたいと思います。 日本の郵便番号は7桁ということが分かっていれば簡単です （問題シート5-1）。

97

⬆ ⬇ ⬅ ➡ キーでB3セルを選択し、「=le」と入力します。
LEFT関数が反転していることを確認して TAB キーを押します。

◢	A	B	C	D	
1	【step1】LEFT関数で郵便番号を取り出します				
2		郵便番号	住所	郵便番号半角	住所半角
3		=le			
4		⨍ₓ LEFT	文字列の先頭から指定された数の文字を返します。		
5		⨍ₓ LEFTB			
6		⨍ₓ LEN			
7		⨍ₓ LENB			

文字列には加工したい文字列が入っているセルを指定します。
設例ではG3セルに入っているのでG3セルを指定します。
⬆ ⬇ ⬅ ➡ キーを使ってもいいですが、遠くにあるセルを指定する時は「g3」とキーボードで入力し、直接セルを参照できるようになりましょう。

2	郵便番号	住所	郵
3	=LEFT(g3		
4	LEFT(**文字列**, [文字数])		

文字数を指定するために「,」（カンマ）を入力します。
文字数には「7」と入力します。日本の郵便番号は7桁だからです。

2	郵便番号	住所	郵便番号半角
3	=LEFT(G3,7		
4	LEFT(文字列, [**文字数**])		

「)」で閉じて TAB キーで確定します。

TAB キーを押すと右に移動して確定します。 複数列を連続して入力する時に便利です。 最後に **ENTER** キーを押すと、 最初に **TAB** キーで確定した列に戻ります。

2	郵便番号	住所	郵便番号半角
3	1008228		

=LEFT(G3,7)

簡単に郵便番号を取り出すことができました。

このように文字列操作関数ひとつひとつの使い方は簡単なものがほとんどです。

【 手 順 ま と め 】

❶ B3セルを選択し、「=le」と入力します。

❷ LEFT が反転していることを確認して **TAB** キーを押します。

❸ 「文字列」にはG3セルを指定します。

❹ 次のパラメータを入力するために「,」(カンマ)を入力します。

❺ 「文字数」には「7」と入力します。

❻ すべてのパラメータの入力が終了したので「)」で閉じて **TAB** キーで確定します。

次に住所を取り出してみたいと思います。

文字列の途中から取り出すので、 MID関数を使います。

開始位置に気が付くかどうかがポイントになります。

0600005札幌市中央区北五条西２－５
JRタワーオフィスプラザさっぽろ　16F

文字列をよく見ると住所は郵便番号に続けて記載されています。

ということは、 郵便番号7桁の次から住所が始まっているので

第5章 文字列操作関数はあなたの仕事を劇的に変えます

99

7 + 1 = 8

で8文字目が**開始位置**になります。

文字数も悩むところです。
住所は行によって**文字数**が違うからです。 今回のケースでは**文字列**の最後まで取得します。 **文字列**の最後まで指定したい時には十分に大きな数を指定するだけで構いません。 今回は 「99」 と入力します。

↑ ↓ ← → キーでC3セルを選択し、 「=mi」 と入力します。
MID関数が反転していることを確認して TAB キーを押します。

2	郵便番号	住所	郵便番
3	1008228	=mi	
4		ⓕ MID	

文字列には加工したい文字列が入っているG3セルを指定します。

2	郵便番号	住所	郵便番号半角	住所半角
3	1008228	=MID(g3		
4		MID(文字列, 開始位置, 文字数)		

開始位置を指定するために 「,」 （カンマ） を入力します。
7桁の郵便番号の後ろから住所が始まるので、 **開始位置**には数字の「8」 を指定します。

2	郵便番号	住所	郵便番号半角	住所半角
3	1008228	=MID(g3,8		
4		MID(文字列, 開始位置, 文字数)		

100

文字数を指定するために「,」（カンマ）を入力します。
文字数には「99」を指定します。

2	郵便番号	住所	郵便番号半角	住所半角
3	1008228	=MID(g3,8,99		
4		MID(文字列, 開始位置, 文字数)		

「)」で閉じて TAB キーで確定します。

2	郵便番号	住所	郵便番号半角	住所半角
3	1008228	東京都千代田区大手町2－6－4		

=MID(G3,8,99)

郵便番号と住所を分けて取り出すことができました。
　実務の中でMID関数を使いこなすためには、**開始位置**と**文字数**がポイントになります。他の文字列操作関数を使って**開始位置**と**文字数**を取得できるようになると、景色ががらりと変わります。

【手順まとめ】

❶ カーソルをC3セルを選択し、「=mi」と入力します。
❷ MIDが反転していることを確認して TAB キーを押します。
❸ 「文字列」にはG3セルを指定して、「,」（カンマ）を入力します。
❹ 「開始位置」には「8」と入力して、「,」（カンマ）を入力します。
❺ 「文字数」には十分に大きな数である「99」を入力します。
❻ すべてのパラメータの入力が終了したので「)」で閉じて TAB キーで確定します。

第5章　文字列操作関数はあなたの仕事を劇的に変えます

すべての文字列操作関数に目を通してください

　次に全角のまま取り出した郵便番号を、半角に変更したいと思います。これも文字列操作関数で簡単に終了します。

　全角を半角に変換するにはASC関数を使います。

ASC(文字列)

　パラメータとして**文字列**を指定するだけで全角を半角に変換してくれます。

　D3セルを選択します。
「=AS」と入力し、ASC関数が反転していることを確認して TAB キーを押します。
　全角数値が入っているB3セルを指定して、「)」で閉じて TAB キーで確定します。

2	郵便番号	住所	郵便番号半角
3	1008228	東京都千代	1008228

=ASC(B3)

　住所も半角に変換します。
　ASC関数を使えば英数カナ部分だけ半角に変換してくれます。
　コピペで終了します。
　今回はショートカットキーを使って一回の操作でコピペしてみましょう。

　E3セルを選択して、 CTRL キーを押しながら R キーを押すと、左隣のセルがコピペされます。

文字列操作関数は知っているのと知らないのとで大きな差が出る関数が多く含まれています。また、アイデア次第で業務を劇的に改善させることができます。

　必ずすべての文字列操作関数に目を通しておきましょう。

　すべてを覚える必要はありません。解説を読んでも意味が分からないものもあるかもしれません。そういうものは無視して構いません。
　頭のどこかに引っ掛かりを付けておくだけで、いつ何時業務改善の役に立つか分かりません。

　文字列操作関数は関数の挿入ウィンドウから確認できます。
　選択した関数の簡単な解説を確認することができます。

私がよく使う文字列操作関数をご紹介します。

　ただし、これ以外にも使いますので必ずすべての文字列操作関数に目を通してください。

【よく使う文字列操作関数】

関数名	説明
ASC関数	全角（2バイト）文字を半角（1バイト）文字に変更します。 カタカナも変換してくれます。
FIND関数	指定された文字列を他の文字列の中で検索し、その文字列が最初に現れる位置を左端から数え、その番号を返します。 MID,RIGHT,LEFT関数と組み合わせて使うことが多いです。
JIS関数	文字列内の半角（1バイト）の文字を全角（2バイト）の文字に変換します。 カタカナも変換してくれます。
LEFT関数	文字列の先頭（左端）から指定された文字数の文字を返します。 FIND関数と組み合わせて使えるようになると活用の幅が広がります。
LEN関数	文字列に含まれる文字数を返します。
MID関数	文字列の任意の位置から指定された文字数の文字を返します。 FIND関数と組み合わせて使えるようになると活用の幅が広がります。
RIGHT関数	文字列の末尾（右端）から指定された文字数の文字を返します。
SUBSTITUTE関数	文字列中の指定された文字を他の文字に置き換えます。 「置換」機能と同じことが関数でできます。 文字列中の全角スペースを半角スペースに置き換えたりします。
TEXT関数	数値を書式設定した文字列に変換します。

日付の秘密を
知っていますか?

文字列操作関数を使って
郵便番号を完成させる方法

　最後に郵便番号を完成させます。

　文字列操作関数を使って、 郵便番号の左から3文字と右から4文字を
取り出して、 次のように記述することができます。

="〒"&LEFT(D3,3)&"-"&RIGHT(D3,4)

　数式の中で文字列を入力する時は、 文字列をダブルクォーテーション
(") で囲むことを思い出してください。

　文字列と文字列を結合させるには 「&」 を使います。

　これができるだけでも相当応用範囲が広がるのですが、 ここでは書式
を使ったやり方も身に付けたいと思います。

　書式というのは、 値をいろいろな形式で表現できる機能です。
書式はとても数が多く、 すべてを紹介することはできません。
ここでは実務における使い方と書式の調べ方をご紹介します。

　書式は
・直接セルに設定する方法
・関数を使う方法
があります。 関数では以下のように設定します。

=TEXT(値,表示形式)

第5章　文字列操作関数はあなたの仕事を劇的に変えます

105

早速これを使って郵便番号を完成させてみましょう。

F3セルを選択します。
「=te」と入力し、TEXT関数が反転していることを確認して TAB キーを押します。

表示形式を設定したい**値**を指定します。
　単なる7桁の数字を郵便番号のように見せたいので、D3セルを指定します。

表示形式を指定するために「,」（カンマ）を入力します。
　7桁の数字を郵便番号のように表示するためには「"〒000-0000"」と入力します。「〒」は「ゆうびんばんごう」を変換すると出ます。

「)」で閉じて TAB キーで確定します。

=TEXT(D3,"〒000-0000")

先程のごちゃごちゃとした式に比べてスマートになったと思いませんか。

D3セルには7桁の数字が入っています。この7桁の数字を「〒000-0000」という風に表示させるのがTEXT関数の役割です。

この「0」は数字ではなく、数字1桁を表す**表示形式**です。

7桁の数字を表す「0000000」という**表示形式**に、文字列である「〒」と「-」を組み合わせて作っているのが「〒000-0000」です。

単なる数字である「1510051」を「〒151-0051」と表示することができるのです。

日付と書式の関係は
必ずマスターしてください

これだけだと「そんなに重要なの?」と思う方もいるかもしれません。

実は身近かつ重要なところでこの表示形式が使われています。

それが「日付」です。

Excelをいじっていたらいつの間にか日付が数字に変わってしまった経験はありませんか。

実はこの数字がExcelにおける日付の正体なのです。

Excelでは日付を1900年1月1日からの累積日数で管理しています。これを「シリアル値」といいます。

日付と書式を使って実務で使える万年カレンダーを作成しました(問題シート 勤務実績表)。

こちらを使って日付と書式の活用方法をみていきましょう。

第5章 文字列操作関数はあなたの仕事を劇的に変えます

	A	B	C	D	E	F	G
1			2016年2月勤務実績表				
2	職員番号	氏名		2/1	～	2/29	
3	00013	一木伸夫					
4							
5	年月日 ▼	祝日 ▼	開始 ▼	終了 ▼	休憩(ト▼	実績(ト▼	メモ ▼
6	2016年2月1日(月)		10:00	18:00	1.0	8.0	
7	2016年2月2日(火)		10:00	18:00	1.0	7.0	
8	2016年2月3日(水)						
9	2016年2月4日(木)						
10	2016年2月5日(金)						
11	2016年2月6日(土)						
12	2016年2月7日(日)						

　まずはA6セルの2016年2月1日(月)から表示形式を外してみましょう。

　表示形式はセルの書式設定ウィンドウから設定します。

　A6セルを選択します。

　CTRL キーを押しながら、左上の 1 キーを押してセルの書式設定ウィンドウを開きます。

　ここからマウスを使っても構いません。

　「分類」 から 「標準」 を選択してOKをクリックします。

108

「42401」という数字が現れたと思います。

これは2016年2月1日が、1900年1月1日から数えて42,401日経過した日であることを意味しています。

このように管理しているために、簡単に日付に対して加減乗除を行うことができます。例えば日付を7で割った0〜6の余りは曜日を表します。

では「42401」という数字に、どのような表示形式を設定しているのでしょうか。

CTRL キーを押しながら **Z** キーを押して、元に戻してください。

もう一度 CTRL キーを押しながら 1 キーを押して、セルの書式設定ウィンドウを開きます。

　種類のところに表示された「yyyy"年"m"月"d"日"(aaa)」が表示形式です。
　「yyyy」は西暦4桁を表す表示形式です。「yy」に変更すると、西暦下2桁が表示されます。これに「年」という文字列を組み合わせています。文字列なので「年」を「/」等に変更しても構いませんし、削除しても問題ありません。「種類」に表示された表示形式と「サンプル」を見比べてみてください。

```
サンプル
 16/2月1日(月)

種類(T):
yy"/"m"月"d"日"(aaa)
```

　「m」 は月1桁を表す表示形式です。 「mm」 に変更すると2桁で表示
されます。 例えば2月であれば 「02」 と表示されます。

```
サンプル
 16/02-1日(月)

種類(T):
yy"/"mm"-"d"日"(aaa)
```

　「d」 は日1桁を表す表示形式です。 「dd」 に変更すると2桁で表示さ
れます。 例えば1日であれば 「01」 と表示されます。

```
サンプル
 16/02-01(月)

種類(T):
yy"/"mm"-"dd(aaa)
```

　「aaa」 は日本語の曜日を一文字で表す表示形式です。 「aaaa」 とす
ると 「月曜日」 のように表示されます。 英語で仕事をする方は 「ddd」
と変えてみてください。 「Mon」 と表示されます。 「dddd」 とすると
「Monday」 のように表示されます。

```
サンプル
16/02-01(Monday)
種類(T):
yy"/"mm"-"dd(dddd)
```

　このように単なる数字に表示形式を設定して、見せ方を変えているのが日付の正体なのです。

　他にもいくつか見ていきます。
　D2セルには「2/1」と表示されていますが、実際には「2016/2/1」と入力されています。

　CTRL キーを押しながら数字の1を押して、セルの書式設定ウィンドウを確認すると、

「m/d」

という表示形式が設定されていることが分かります。
　年を表示させていないのです。

```
サンプル
2/1
種類(T):
m/d
```

D2セルの日付を変えると、一番上のタイトルも変わります。これも表示形式を使っています。
　A1セルを選択してセルの書式設定ウィンドウを確認してください。

「月」ではなく、「月勤務実績表」という文字列にすることで、日付を使ったタイトルにすることができます。
　隣の「配置」タブもみてください。

「横位置」が「選択範囲内で中央」となっています。
　このため、A1セルの文字列が、表の中央付近に表示されているのです。
　このように表示したい時に「セルを結合する」を使う方がいらっしゃいますが、Excelを使い慣れてくるとセル結合したシートが使いにくいと感じることが多くなってきます。コピペや参照がやり辛くなるからです。
　「選択範囲内で中央」で間に合う時は、セル結合をせずにこちらを使ったほうが良いと思います。

末日の求め方

　日付の正体を理解していると、ある月の末日も簡単に求めることができます。
　翌月の1日から1日引けば、当月の末日になります。
　DATE関数を使います。

DATE(年,月,日)

　例えば2016年2月末日を知りたい時は、2016年3月1日の前日を指定すればいいので、

DATE(2016,2+1,1)-1

　とします。うるう年でも正しく末日が表示されます。
　実践では日付関数とセル参照を使って次のように記述します。
　↑↓←→キーを使って「F2」セルを選択し、「＝DA」と入力したら、DATE関数が反転していることを確認して TAB キーで確定します。
　YEAR関数は日付から「年」を、MONTH関数は「月」を取得する関数です。もちろん「日」を取得するDAY関数もあります。

=DATE(YEAR(D2),MONTH(D2)+1,1)-1

「2016年2月0日」と指定しても同じ結果になります。知っておくと便利です。

=DATE(YEAR(D2),MONTH(D2)+1,0)

経理・総務や経営企画でよく使う表示形式

その他、経理総務や経営企画でよく使う表示形式をご紹介します。

数字の「13」を「00013」と表示したい時には

00000

という表示形式を使います。(A3セル参照)
「0」は数字を表す表示形式で、ゼロの時はゼロを表示します。
　ゼロの時はゼロを表示したくない時には「0」の代わりに「#」を使います。
　数字をカンマ区切りにしたい時は

#,##0

を使います。
　表示だけ千円単位で表示したい時はゼロの後ろにカンマをひとつ付けます。千円未満は四捨五入になります。残念ながら切り捨てはできないようです。

#,##0,

百万円単位で表示したい時はカンマを2つつけます。

#,##0,,

　デフォルトで用意されている表示形式をクリックしてから「ユーザー定義」をクリックすると、生の表示形式が確認できます。
　例えばマイナスの時は「△」を表示する表示形式を調べたい場合は、セルの書式設定ウィンドウから、分類の中の「数値」をクリックし、「負の数の表示形式」から「△ 1,234」をクリックします。

第5章　文字列操作関数はあなたの仕事を劇的に変えます

115

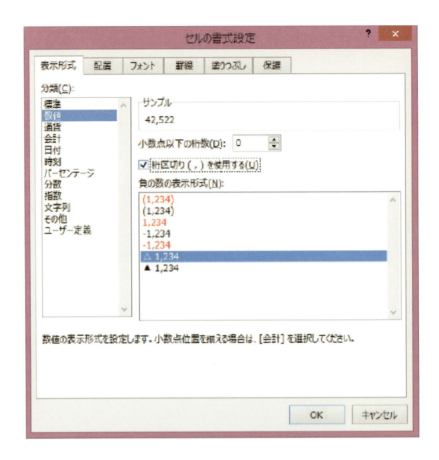

　この状態から分類の中の 「ユーザー定義」 をクリックすると、種類のところに生の表示形式が表示されます。

種類(T):
#,##0;"△ "#,##0

これを参考にしながら必要な表示形式を学習してください。

表示形式は数が多く、とても紹介しきれません。
他の表示形式はネットや本で調べてみてください。

文字列を他の文字列に
一気に書き換える「置換」

ここからシート5－1に戻ります。
データをよく観察するとハイフン「-」であるべきところが、長音記号「ー」になっていることに気が付きます。

「札幌市中央区北五条西2ー5」

ひとつひとつ手作業で直していくのは大変です。
このような場合には「置換」機能を使います。
G列の長音記号「ー」をすべてハイフン「-」に書き替えてしまいましょう。

これもキーボード操作でできるようになりましょう。

←→キーを使って置換したい文字列が含まれるG列まで移動します。行はどこでも構いません。
CTRLキーを押しながらSPACEキーを押してG列を選択します。
置換する範囲を選択しておくと、置換したくないところまで置換してしまうリスクを少なくすることができます。

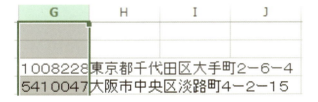

CTRLキーを押しながらHキーを押して置換ウィンドウを開きます。
「検索する文字列」に長音記号「ー」、「置換後の文字列」にハイフン「-」を指定します。
項目を移動する時はTABキーを押します。

「ALT」キーを押しながら「A」キーを押すと、「すべて置換(A)」を押すことができます。

ウィンドウを閉じる時は「ESC」キーを押します。

G列の長音記号「ー」がすべてハイフン「-」に書き換えられました。
置換機能は非常に便利な反面、危険もはらんでいます。

今回のケースでも、番地だけでなくビル名の長音記号「ー」も書き換わっています。一度書き換えてしまうとあとで元に戻すのが大変です。一括置換をする時はいつでも元に戻せる準備をしておくことをお薦めします。

文字列操作関数を使えば元データを書き換えずに置換することができます。

SUBSTITUTE(文字列,検索文字列,置換文字列)

長ったらしい関数名でとっつきにくいですが、使い方は簡単です。
ぜひ活用してください。

第6章

初めての
ピボットテーブル

こんな仕事を頼まれたら
どうしますか？

ECサイトのログを集計してください

　ピボットテーブルは非常に簡単で強力な集計ツールであるにもかかわらず、食わず嫌いの方が多い機能です。なんとなくとっつきにくい印象がありますが、仕事でExcelを使っていてピボットテーブルを使わないのは、PCを使っていてインターネットをやらないくらいもったいない話です。

　この機会に一度ピボットテーブルを使ってみて、その素晴らしさを実感してください。

　マーケティング部に所属しているあなたがこんな仕事を頼まれました。
　・システムからはき出したECサイトのログを集計して欲しい
　・注文月別、年代別に売上を集計する

　ECサイトのログといってもピンと来ない方も多いと思います。
　楽天やアマゾンなどネットで買い物をすると、みなさんの行動は逐一記録されます。
　何時何分にログインして、特別セールのページをクリックし、ビールを2本買い物かごに入れ、カードで決済してログアウトした、といった具合に、時系列ですべての行動が記録されているのです。

　なぜこんなことを記録するのでしょうか。
　それはマーケティングに役立ち、会社の利益に貢献するからです。
　ログは放っておけばただのゴミですが、きちんと分析すれば宝の山に変わる可能性があります。

　例えば、ログの分析によって20代の女性が特定の化粧品を購入する傾向が判明したとします。同じ属性を持つユーザーがログインした時にそ

120

の化粧品の広告を表示すれば、効果的に販売促進につなげることができます。

　ビッグデータの分析はこれから最も必要とされる能力のひとつだと思います。現場で蓄積した経験を、ビッグデータの分析で定量的に裏付けることができる力がどの分野でも求められます。

　会計監査にもこの波が押し寄せています。

　Excelでビッグデータを分析する時の強力なツールがピボットテーブルです。

　ビッグデータといってもExcelでは今のところ100万行しか扱えませんが、仮にもっとデータ量が多くなって他のアプリケーションを使う時も基本は同じです。

　Excelでデータ分析の基本をしっかり押さえてください。

　先程のような仕事を頼まれた時、ピボットテーブルを使えない方の多くはフィルターを使って何とかしようとします。しかし、この方法では時間がいくらあっても足りませんし、仮にできたとしても指示されたことをやるので精いっぱいです。仮説と検証を何度も繰り返さないとゴミを宝に変えることはできません。

鉄板活用法をお教えします

　ECサイトのログのようなデータをローデータ(RAW DATA、生データ)といいます。

　大量データを集計しなくてはならない時の鉄板活用法は

ローデータを見つける
↓
関数でデータを整理する
↓
ピボットテーブルで集計する

　です。

第6章　初めてのピボットテーブル

どんな場合も最終的にはピボットテーブルを使って集計することを念頭に置いて方法を考えます。
　成功すれば10万行くらいのデータはあっという間に集計できます。

　コツは
　アウトプットを明確にする
　ことです。
　完成のイメージを持たずにやみくもに手を動かしたり、データを眺めて考えたりしても、時間を浪費するだけです。
　完成のイメージを具体的に作成してから試行錯誤を繰り返しましょう。
　目的もなくレンガを積み上げても、サグラダファミリアは完成しません。

―【会計士の視点】―

簿記のススメ

　私は学生時代、商学部にもかかわらず簿記が大嫌いで、簿記の単位を落として留年したことがあります。
　就職してプログラマとして会計ソフトを作るために泣く泣く簿記の勉強を始めたのがきっかけで簿記のすばらしさ、美しさに気が付くことができました。
　中世のイタリアで完成した複式簿記は、ほとんど形を変えずに現代の複雑な会計の基礎を支えている重要なインフラです。
　私のように食わず嫌いでは非常にもったいないので、私のセミナーでは受講者の皆さんに簿記も勉強されることをお薦めしています。
　簿記とExcel、会計とITは非常に親和性が高いので、両方学ぶと世界が広がりますよ。

たったこれだけの操作で
ここまでできます

ピボットテーブルの操作は非常に簡単です。
どんな大きなデータを扱う時も手順は以下のとおりです。

・集計したいデータの範囲を選択する
・ピボットテーブルをクリックする
・集計する項目をドラッグ&ドロップする

ひとつずつ具体的にみていきましょう。
　ピボットテーブルはExcelのバージョンによって若干画面が違うのですが、2007以降はほとんど同じ操作なので、少々の違いは気にせず動かしてください。

集計したいデータの範囲を選択する

　まずは集計したいデータの範囲を選択します（問題シート6-1）。
　このデータ範囲は見出しが先頭にある「表」になってなくてはいけません。
　例えばこんなデータです。

第6章 初めてのピボットテーブル

123

	A	B	C	D	
1	時間	イベント	ユーザーID	売上金額	初回
2	2012/5/28 17:25	ログイン			
3	2012/5/28 17:25	会員規約			
4	2012/5/28 17:27	バイヤー厳選一覧			
5	2012/5/28 17:27	ログイン			
6	2012/5/28 17:40	ログイン			
7	2012/5/28 17:42	ログイン			
8	2012/5/28 17:43	会員規約			
9	2012/5/28 17:46	ログイン			
10	2012/5/28 18:01	ログイン			
11	2012/5/28 18:03	購入完了			
12	2012/5/28 18:04	ログイン			
13	2012/5/28 18:06	バイヤー厳選一覧			
14	2012/5/28 18:06	テスト_購入完了	10005453	7153	
15	2012/5/28 18:35	ログイン			

　この表全体を範囲選択する時にマウスを使わずにショートカットキーで選択できるようになってください。

　表の一番左上であるA1セルを選択します。
　CTRL キーと SHIFT キーを同時に押しながら ↓ キーを1回、→ キーを1回押し、貼り付ける範囲を選択します。

ピボットテーブルをクリックする

　私はここからの操作はマウスを使っています。
　キーボードで操作する方法もありますが、マウスによる直感的な操作のほうがピボットテーブルにマッチすると思います。
　今までキーボード操作に苦しんできた人も、一息ついてマウスを使ってください。

　範囲を選択したら「挿入」タブから「ピボットテーブル」をクリックします。

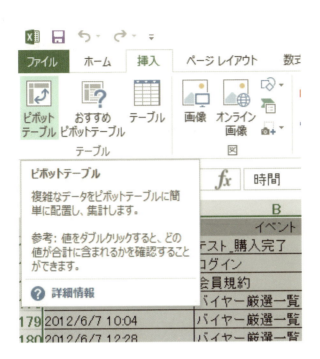

そうするとウィンドウが起動するので、
・範囲を確認して「OK」ボタンを押します。
新しいシートが追加されます。
既存のワークシートに追加することもできます。

ピボットテーブルの作成

分析するデータを選択してください。

- ⦿ テーブルまたは範囲を選択(S)

  テーブル/範囲(T): `step1!$A$1:$I$196`

- ○ 外部データソースを使用(U)

  接続の選択(C)...

  接続名:

ピボットテーブル レポートを配置する場所を選択してください。

- ⦿ 新規ワークシート(N)
- ○ 既存のワークシート(E)

  場所(L):

複数のテーブルを分析するかどうかを選択

- ☐ このデータをデータ モデルに追加する(M)

OK　　キャンセル

集計する項目をドラッグ&ドロップする

右側のウィンドウに選択した表のタイトル部分が現れます。
このタイトルを下のボックスにドラッグ&ドロップします。
今回は注文月別・年代別に売上を集計します。

　「時間」 を 「列ラベル」 に
　「年代」 を 「行ラベル」 に
　「売上金額」 を 「Σ値」 に

ドラッグ&ドロップします。
ドラッグ&ドロップというのはマウスでデータを移動する操作のことです。 データをクリックしたまま移動し、 移動したい場所でボタンを離します。

たったこれだけで基本的な操作は終了です。
どんな大きな表を集計する時も同じ手順です。
何度も繰り返して集計のイメージをつかんでください。

見た目を整える

しかしこのままでは指示どおりになっていません。

・月ごとに集計したいのに時刻で集計されている

・年代に(空白)が表示されている
・売上金額の合計ではなく、件数が集計されている

これを解決して終了です。

まずは時刻の集計を月の集計に変更します。
非常に簡単で便利なのですが、知らない方が多い機能です。
ぜひマスターしてください。

　時刻が表示されているB4セルを右クリックして「グループ化」をクリックします。

「単位」が「月」になっていることを確認してOKボタンを押します

たったこれだけの操作で時刻の集計を月ごとの集計に変更することができました。

次に、年代に表示されている(空白)を非表示にします。
その前になぜここに(空白)と表示されてしまうのでしょうか。
元データのI列をご覧ください。

H	I
注文ID ▼	年代 ▼
11-20120529-00205	20代
11-20120529-00299	40代

　年代が「20代」などと入っている行もあれば、何も入っていない行もあります。この何も入っていない空白行が(空白)として集計されているのです。

　年代が空白ということは売上とは関係のない行なので表示する必要がありません。

　「行ラベル」の横のフィルターをクリックして、(空白)のチェックを外して「OK」をクリックします。すると、空白が非表示になります。

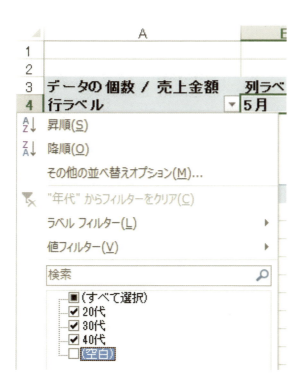

最後に、売上金額を集計します。
今のところ、年代別・月別に売上の件数が集計されています。

	A	B	C	D
1				
2				
3	データの個数 / 売上金額	列ラベル		
4	行ラベル	5月	6月	総計
5	20代	3	5	8
6	30代		5	5
7	40代	2		2
8	総計	5	10	15

これを売上金額の合計に変更します。

右側の 「ピボットテーブルのフィールドリスト」 で、 「Σ値」 ボックス
の「売上金額」をクリックして、「値フィールドの設定」をクリックします。

☐ お届け日	上へ移動(U)
☐ 購入点数	下へ移動(D)
☐ 注文ID	先頭へ移動(G)
☑ **年代**	末尾へ移動(E)

次のボックス間でフィールドをド

▼ フィルター

　　　　　　　　　　　　　　　　　　▼　レポート フィルターに移動
　　　　　　　　　　　　　　　　　　≣　行ラベルに移動
　　　　　　　　　　　　　　　　　　┃┃┃　列ラベルに移動
　　　　　　　　　　　　　　　　　　Σ　値に移動
　　　　　　　　　　　　　　　　　　✕　フィールドの削除
　　　　　　　　　　　　　　　　　　▦　値フィールドの設定(N)...

≣ 行

年代 ▼	データの個数 / 売上... ▼

すると、このようなウィンドウが表示されます。

「合計」をクリックします
　ついでに表示形式ボタンをクリックし、売上数値をカンマ区切りに変更しましょう。
　分類の中から「数値」をクリックし、
「桁区切り(,)を使用する」
のチェックボックスにチェックを入れます。
　次に「負の数の表示形式」で、上から4番目をクリックし、「OK」をクリックします。
　すると、「値フィールドの設定」ウィンドウが再び現れますので、「OK」をクリックします。

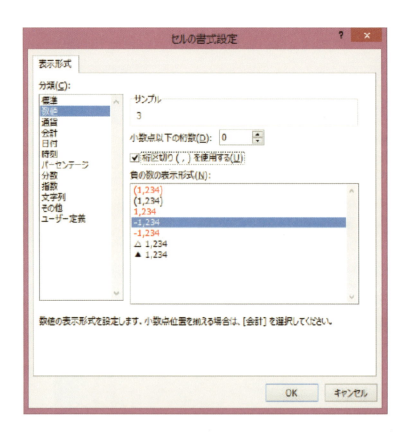

これで完成です。
慣れれば3分もかからずに、膨大なデータを集計することができます。

	A	B	C	D
1				
2				
3	合計 / 売上金額	列ラベル		
4	行ラベル	5月	6月	総計
5	20代	14,957	30,070	45,027
6	30代		20,160	20,160
7	40代	12,361		12,361
8	総計	27,318	50,230	77,548

講座の中で 「最初から 『合計』 にする方法はないか」 というご質問をよくいただきます。 確かに数がたくさんあるとひとつひとつ直すのは面倒な作業です。

　デフォルトを合計にするという設定はもしかしたらあるのかもしれませんが、 私が知る限りではありません。

　だからといってあきらめているわけではありません。

　注意深く観察すると、 元データがすべて数値の時は 「合計」、 文字列や空白が含まれていると 「個数」 がデフォルトになっていることが分かります。 そうであればすべて数値の入った列を追加してからピボットテーブルで集計すれば、 「個数」 から 「合計」 に変更する手間が省けます。

　日付のグループ化も文字列や空白が含まれていると使えないことがありますが、 同じように対処できます。

　これはこれからご紹介する 「フラグ」 の考え方と同じです。

こんなわがままにも一瞬で対応できます

　せっかく作ったのに、 次の日には思い付きでものをいう上司にこんなことを言われます。

　・やっぱり 「日」 で集計して
　・ユーザーごとの売上も見たい

　関数で作り込んでからこんなことを言われたらがっくりしてしまいますが、 ピボットテーブルなら涼しい顔で対応できます。

　「日」 で集計するには、 先程の 「グループ化」 を使います。

　「5月」 と表示されているB4セルを右クリックし、「グループ化」 をクリックします。 「月」 に加えて 「日」 も選択し、 「OK」 をクリックします。

あっという間に「日」ごとの集計になります。

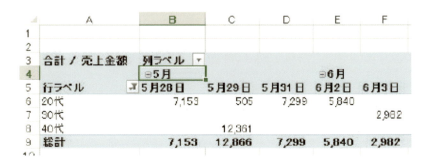

ユーザーごとの売上を表示させるためには、右側の「ピボットテーブルのフィールドリスト」で、「行」ボックスの「年代」の下に「ユーザーID」をドラッグ&ドロップします。

すると年代別・ユーザーID別・日別の集計に変わります。

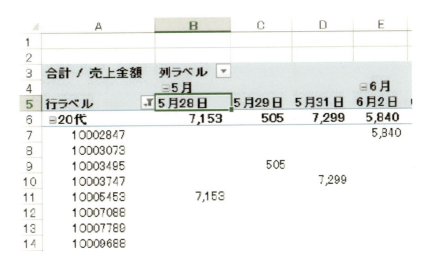

・ピボットテーブルは簡単に壊れたりしないので、いろいろと動かしてみてください。
　どの項目をどこにドラッグ＆ドロップしなくてはいけないというルールはありません。

　ここに挙げた機能はほとんどの集計で必要となる基本ですので、必ずマスターしてください。

大量データを
効率よく集計するために
「フラグ」を活用しましょう

まずは手作業で「フラグ」を
立てる方法を学びます

6-1のデータをよく観察すると、テストデータが含まれていることに気付きます。

	A	B	C	D
1	時間	イベント	ユーザーID	売上金額
12	2012/5/28 18:04	ログイン		
13	2012/5/28 18:05	バイヤー厳選一覧		
14	2012/5/28 18:06	テスト 購入完了	10005453	7153
15	2012/5/28 18:05	ログイン		

これはサイトオープン前にきちんと動くかどうかテストするために入力したデータです。

このデータは売上の集計から除かなくてはなりません。

では早速、ということでフィルターをかけて行を削除してしまいがちですが、ちょっと待ってください。

手作業でデータを削除することはリスクがあります。

・誤って削除する可能性がある
・元に戻したくてもできない、あるいは手間がかかる

こういう時にプログラマはデータを削除せずに「フラグ」を立てます。

フラグとはフラッグ、つまり旗、目印といった意味です。

138

皆さんもPCを使っていてファイルを削除することがあると思います。ファイルを削除するとその場から消えてゴミ箱に移ることをご存知の方も多いと思います。ゴミ箱にあるファイルはいつでも復元することができます。これはデータを削除してしまうのではなく、「ゴミ箱」に表示するという「フラグ」を立てているからできることなのです。この「ゴミ箱フラグ」をなくすだけで、簡単に元の状態に戻すことができるのです。

　プログラマのテクニックをExcelでも活用してみましょう。
　集計に含めたくない行にフラグを立てます。
　まずはフィルタを使って手作業でフラグを立てるところから始めます。

　ローデータの隣にフラグの列を作ります。J1セルに見出しを付けます。今回は「flg」としておいてください。
　B4セルにあるフィルターをクリックし、「テスト_購入完了」だけにチェックを入れて「OK」をクリックします。

　B1セルにあるフィルターをクリックし、「テスト_購入完了」だけチェックを入れて「OK」をクリックします

「テスト_購入完了」だけ抽出されたことを確認して、J列にフラグを立てます。今回は「1」と入力してください

H	I	J
注文ID	年代	flg
11-20120528-00002	20代	1
11-20120531-00001	20代	1
11-20120531-00001	20代	1
11-20120531-00001	30代	1
11-20120531-00001	20代	1
11-20120531-00001	30代	1
11-20120531-00001	20代	1
11-20120531-00001	30代	1
11-20120531-00001	20代	1
11-20120531-00001	30代	1
11-20120531-00001	20代	1
11-20120531-00001	30代	1

これで集計に含めたくない行に「フラグ」を立てることができました。
一度フィルターを外して全体をみてください。
テストデータだけ区別できるように目印がついている様子が分かると思います。

フィルターの解除は「クリア」を使いましょう

フィルターを外す時は「クリア」を使ってすべてのフィルターを外すことをお勧めします。

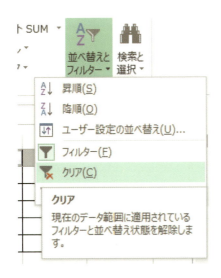

　フィルターをあちこちにかけておいて、一部解除を忘れたままコピペするなどして、データを壊してしまうことがあるからです。

ピボットテーブルの集計範囲が変わった時の手順

　問題シートに戻り、新たに追加された「flg」の列を、ピボットテーブルの集計に含める手順をご紹介します。

　先程作成したピボットテーブルのどこかをクリックします。

「データソースの変更」をクリックします。バージョンによってタブ名が異なることがあります。

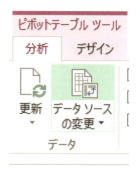

最初に選択した範囲が表示されるので、 SHIFT キーを押しながら、→ キーを押して「flg」の列まで範囲に含めてOKボタンを押します。

フィールドリストの「年代」の下に「flg」が現れることを確認します。

ピボットテーブルのフィ..

レポートに追加するフィールドを選択してください：

- ☐ エリア
- ☑ 売上金額
- ☐ 初回購入フラグ
- ☐ お届け日
- ☐ 購入点数
- ☐ 注文ID
- ☑ 年代
- ☐ flg

「flg」を「フィルター」ボックスにドラッグ＆ドロップします。

B1セルに表示された「flg」のフィルターを(すべて)から(空白)に変更してOKボタンを押します。

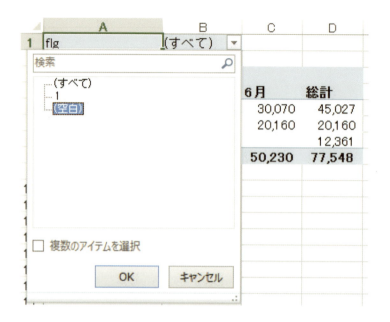

　これで集計からテストデータを除くことができました(解答シート6-2)。

　テストデータも本番データも同時に表示したいという時には、例えば「年代」の上に「flg」をドラッグ&ドロップする方法もあります。

するとこのような表示になります。

	A	B	C	D
3	合計 / 売上金額	列ラベル		
4	行ラベル	5月	6月	総計
5	⊟1			
6	20代	14,452	30,070	44,522
7	30代		20,160	20,160
8	⊟(空白)			
9	20代	505		505
10	40代	12,361		12,361
11	総計	27,318	50,230	77,548

　いろいろと試すことによって、ピボットテーブルの集計イメージがわいてくると思います。
　試行錯誤を繰り返してください。

明細を表示することもできます

ピボットテーブルのすごさはこれだけではありません。
　集計された数字をダブルクリックすると、その数字を構成する明細が別シートに表示されるのです。

　関数でこれを実現しようとしたら相当なテクニックが必要なのですが、ピボットテーブルであればだれでも瞬時にできます。

　ちなみに私は監査でクライアントの仕訳を2〜3年分入手すると、ピボットテーブルで集計して、科目別月次推移前期比較表を作成し、異常値があるとダブルクリックして仕訳明細を表示させて摘要を確認する、といったことをすることもあります。

　仕訳の集計も含めて、通常業務ではここでご紹介した機能で必要十分です。
　繰り返しになりますが、非常に簡単で強力な集計ツールであるピボットテーブルを使わない手はありません。

関数を使って「フラグ」を
たてられるようになれば
集計は自由自在です

支店別月別売上集計と関数の復習

　非常に簡単便利なピボットテーブルですが、これだけ知っていればどんな集計もできるかといえばそうではありません。

　実務では思いどおりの集計をするための情報が不足していることがあります。

　そんな時は関数を使って「フラグ」を立ててから集計します。

　関数を使って「フラグ」をたてられるようになれば集計は自由自在です。

　今まで学んできた関数を使ってどのように「フラグ」を立て、活用していくのか。

　その一例をご紹介します。

　営業管理部に所属しているあなたにこんな仕事の依頼がありました。
　・個人別の日次売上データを支店別・月別に集計して欲しい

　ローデータはこんな感じです（問題シート6-3）。

支店	年月日	社員	売上
北海道	2016/6/1(水)	逢沢一郎	404,425
東京	2016/6/2(木)	相原しの	244,255
大阪	2010/6/3(金)	青木愛	97,899
沖縄	2016/6/4(土)	赤澤亮正	439,638
福岡	2016/6/5(日)	赤松広隆	190,326
北海道	2016/6/6(月)	赤松正雄	884,972

報告形式はこんな感じです。

支店	6月	7月	8月
北海道			
東京			
大阪			
福岡			
沖縄			

　ピボットテーブルをマスターしているあなたにとって、こんな仕事は朝飯前です。5万行のデータをいつもの手順で、ものの3分で集計しました。

合計 / 売上	列ラベル			
行ラベル	6月	7月	8月	総計
沖縄	811,162	1,585,843	1,044,594	3,441,599
大阪	659,462	758,141	1,572,889	2,990,492
東京	816,473	947,527	148,606	1,912,606
福岡	817,859	1,192,188	573,563	2,583,610
北海道	1,289,397	1,462,927	40,570	2,792,894
総計	4,394,353	5,946,626	3,380,222	13,721,201

　ところが報告書を作成する時になって、並び順が違うことに気付きました。
　ここで

「一行一行コピペすればいいや」

　と考えてはいけません。
　演習問題なので5つの支店しかありませんが、大きな会社では47都道府県あるかもしれません。海外も含めて数百の支店があるかもしれません。そんな時にひとつひとつコピペしていたのでは、仕事はいつまでたっても楽になりません。

　なぜ「沖縄」が一番上にきてしまったのでしょうか。
　一番南にあるから、ではありません。

コンピュータの世界では、漢字にも番号を割り当てて管理しています。例えば「沖」という漢字には「12845」という数字が割り当てられています。「大」には「16999」という数字が割り当てられています。

　この数字順に並んでしまっているのです。

　ということは「支店名」ではなく「支店番号」で集計すれば、支店番号順に並ぶはずです。

　ここまで思い付いたらローデータの隣に「支店番号」の列を追加しましょう。

　手順は先程と同じです。

支店	年月日	社員	売上	支店番号
北海道	2016/6/1(水)	逢沢一郎	404,425	
東京	2016/6/2(木)	相原しの	244,255	
大阪	2016/6/3(金)	青木愛	97,399	

　支店番号を追加したのはいいものの、5万行の支店番号を手入力したのでは本末転倒です。

　ここで鉄板活用法を思い出してください。

　ローデータを入手したら、関数でデータを整理してからピボットテーブルで集計するとうまくいきます。

　「支店番号フラグ」は関数で立てる、と目標を掲げ、今まで学んできたことを思い返すと、VLOOKUP関数でできることに気が付きます。

　まずは報告形式の横に支店番号を割り当てます。

　簡単な数式で何百行あってもコピペで終了します。

=F3+1

支店	6月	7月	8月	
北海道				=F3+1
東京				2
大阪				3
福岡				4
沖縄				5

　次に 「支店名」 を**検索値**(キー) にして、 VLOOKUP関数で支店番号を参照します。 キーボード操作による手順を思い出してください。

=VLOOKUP (B12 , $B$4:$F$8 , 5 , FALSE)
検索値　　範囲　　列番号　検索方法

支店	年月日	社員	売上	支店番号
北海道	2016/6/1(水)	逢沢一郎	404,425	=VLOOKUP(B12,$B$4:$F$8,5,FALSE)

　あとは何万行あってもコピペするだけです。 これもキーボード操作で素早くできるか確認してください。

　「支店名」 の代わりに 「支店番号」 で集計すれば、 支店番号順に並びます。
　支店がいくつあっても一回のコピペで報告書が完成します。

合計 / 売上	列ラベル			
行ラベル	6月	7月	8月	総計
1	1,289,397	1,462,927	40,570	2,792,894
2	816,473	947,527	148,606	1,912,606
3	659,462	758,141	1,572,889	2,990,492
4	817,859	1,192,188	573,563	2,583,610
5	811,162	1,585,843	1,044,594	3,441,599
総計	4,394,353	5,946,626	3,380,222	13,721,201

　支店名も表示させたい時は 「行」 ボックスの中の 「支店番号」 の下に 「支店」 をドラッグ&ドロップします。
　するとこのように段違いになってしまうことがあります。

150

合計 / 売上	列ラベル			
行ラベル	6月	7月	8月	総計
⊟1				
北海道	1,289,397	1,462,927	40,570	2,792,894
⊟2				
東京	816,473	947,527	148,606	1,912,606
⊟3				
大阪	659,462	758,141	1,572,889	2,990,492
⊟4				
福岡	817,859	1,192,188	573,563	2,583,610
⊟5				
沖縄	811,162	1,585,843	1,044,594	3,441,599
総計	4,394,353	5,946,626	3,380,222	13,721,201

　支店番号と支店名を横並びにしたいというケースも良くあります。

　ボックス内の「支店番号」をクリックし、「フィールドの設定」をクリックします。

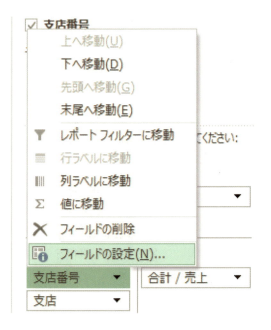

第6章　初めてのピボットテーブル

「レイアウトと印刷」タブ内の「アイテムのラベルを表形式で表示する」
をクリックして OK ボタンを押します

フィールドの設定　　　　　　　　　？　×

ソース名: 支店番号

名前の指定(M):　支店番号

小計とフィルター	レイアウトと印刷

レイアウト

○ アイテムのラベルをアウトライン形式で表示する(S)

　　☑ 隣のフィールドのラベルを同じ列内に表示する (コンパクト形式)(D)

　　☑ 小計を各グループの先頭に表示する(T)

● アイテムのラベルを表形式で表示する(I)

☐ アイテムのラベルを繰り返す(R)

☐ アイテムのラベルの後ろに空行を入れる(B)

☐ データのないアイテムを表示する(W)

印刷

☐ アイテムの後ろに改ページを入れる(P)

表示形式(N)　　　　　　　OK　　　キャンセル

このように表示されます。

合計 / 売上		列ラベル			
行ラベル	支店	6月	7月	8月	総計
⊟1	北海道	1,289,397	1,462,927	40,570	2,792,894
⊟2	東京	816,473	947,527	148,606	1,912,606
⊟3	大阪	659,462	758,141	1,572,889	2,990,492
⊟4	福岡	817,859	1,192,188	573,563	2,583,610
⊟5	沖縄	811,162	1,585,843	1,044,594	3,441,599
総計		4,394,353	5,946,626	3,380,222	13,721,201

　表示を変えたり、集計方法を変えたりしたいときは、「フィールドの設定」をのぞいてみると解決することがあります。

　では支店番号が支店の左側にある場合はどうでしょうか（問題シート6-4）。

支店番号	支店	6月	7月	8月
1	北海道			
2	東京			
3	大阪			
4	福岡			
5	沖縄			

　もちろん先程と同じように、ローデータの隣で支店番号を参照してからVLOOKUP関数でもできます。本書で紹介していない他の関数を使ってやることもできます。
　しかし本書で今まで学んだ関数を使ってやることもできます。
　いろいろな関数を使うより、まず基本的な関数をきちんと使えるようになることが先決です。
　なぜならば、いろいろな関数を使うとチーム内に解読できない人が出てきてしまうからです。

　実務でぶつかる問題の90％はこの本でご紹介した内容で解決することができます。
　必要なのは基本の習熟とわずかなアイデアだけです。

第6章　初めてのピボットテーブル

153

SUMIF関数を使って、「支店番号フラグ」を立ててみます。
支店番号はあらかじめA列に作成しておいてください。

↑ ↓ ← → キーを使ってF12セルを選択します。
「=sumi」と入力し、SUMIFを反転させて TAB キーを押します。

売上データ				
支店	年月日	社員	売上	支店番号
北海道	2016/6/1(水)	逢沢一郎	404,425	=sum
東京	2016/6/2(木)	相原しの	244,255	*ⓕ SUMIF*
大阪	2016/6/3(金)	青木愛	97,399	*ⓕ SUMIFS*
沖縄	2016/6/4(土)	赤澤亮正	439,038	

まず**範囲**を入力します。← → キーを使ってB12セルを選択し、
CTRL キーを押しながら SPACE キーを押すと、列全体が選択されます。

売上データ				
支店	年月日	社員	売上	支店番号
北海道	2016/6/1(水)	逢沢一郎	404,425	=SUMIF(B:B
東京	2016/6/2(木)	相原しの	244,255	SUMIF(範囲, 検索条件, [合計範囲])

検索条件を指定するために「,」（カンマ）を入力します。
検索条件はB12セルを指定します。

売上データ				
支店	年月日	社員	売上	支店番号
北海道	2016/6/1(水)	逢沢一郎	404,425	=SUMIF(B:B,B12
東京	2016/6/2(木)	相原しの	244,255	SUMIF(範囲, 検索条件, [合計範囲])

合計範囲を指定するために「,」（カンマ）を入力します。
↑ ↓ ← → キーを使ってA12セルを選択し、CTRL キーを押しなが
ら SPACE キーを押すと、列全体が選択されます。

10		売上データ			
11		支店	年月日	社員	売上	支店番号
12		北海道	2016/6/1(水)	逢沢一郎	404,425	=SUMIF(B:B,B12,A:A
13		東京	2016/6/2(木)	相原しの	244,255	SUMIF(範囲, 検索条件, [合計範囲])

すべてのパラメータの入力が終了したので 「)」 で閉じて ⟨ENTER⟩ キー
で確定します。

	A	B	C	D	E	F	G
1		【問題】 売上データをピボットテーブルで集計して以下の表を完成させてください。					合計 / 売上
2				ここにピボットテーブルを作成→			
3	支店番号	支店	6月	7月	8月		行ラベル
4	1	北海道					⊟1
5	2	東京					⊟2
6	3	大阪					⊟3
7	4	福岡					⊟4
8	5	沖縄					⊟5
9							総計
10		売上データ					
11		支店	年月日	社員	売上	支店番号	
12		北海道	2016/6/1(水)	逢沢一郎	404,425	=SUMIF(B:B,B12,A:A)	

=SUMIF (B:B , B12 , A:A)
範囲 検索条件 合計範囲

これを下までコピペすると、 VLOOKUP関数と同じ結果になります。

　今までのSUMIF関数にくらべて、 かなりすっきりしていると思いませ
んか。 これは範囲と合計範囲を列ごと指定しているため、 絶対参照を付
けなくてもよくなったからです。

　A4セル〜 A8セルにしか数字が入っていないため、 これが可能となっ
ています。
　表やフラグをきちんとコントロールできていれば、 パラメータで指定す
る範囲は列で指定すると、 すっきりとメンテナンスしやすい式になること
があります。
　その反面よくわからずにこれをやってしまうと、 集計を誤る可能性があ
りますので注意してください。

第6章 初めてのピボットテーブル

パラメータの意味を思い返しながら、 なぜVLOOKUP関数と同じ結果になるのかを考えてみてください。
なぜ同じになるかきちんと理解できたら、 SUMIF関数を正しく理解できていると思ってかまいません。

関数でフラグを立てることできるようになると、 メンテナンスも最小限の力で行うことができます。
例えば北海道を一番下に表示したい時、 支店番号を変えるだけで一番下に表示されます。

元データの変更をピボットテーブルに反映させるときは、 ［ALT］キーを押しながら［F5］キーを押して、 変更をピボットテーブルに反映させることを忘れないでください。

いつまでもピボットテーブルのままではいけません

ピボットテーブルで試行錯誤したのち、 毎回報告する形式が固まることがあります。 そうした場合でもピボットテーブルのままにしておくと、 不効率が生じたりミスが起こったりします。

ピボットテーブルの作業がルーティン化されたら、 関数で再現できないかを検討しましょう。
ピボットテーブルがいくら便利だからといって、 いつまでもピボットテーブルのままでいい訳ではないことは、 頭の片隅に入れておいてください。

おわりに
Excel上達のために私が心がけていること

　私は会計士として上場企業の監査をする中で、たくさんの人が作った、たくさんのExcelシートを見てきました。上場企業の業務はExcelなしに考えられないといっても過言ではありません。

　上場会社の社員の皆さんは能力も知識もある方ばかりですが、それでもExcelを上手に使いこなしている方はほんの一握りです。

　Excel上達のために、私が心がけていることです。

- ✓ 関数や数式は極力シンプルに、他人が見ても理解できるよう記述する
- ✓ 手でやった方が早いとは思わないで、Excelにできないことはない、と信じて調べる
- ✓ 常に1桁2桁データ量が増えた時のことを考えて組み立てる
- ✓ 安易にマクロに頼らない

関数や数式は極力シンプルに、他人が見ても理解できるよう記述する

　会社においてExcelの仕事が一人で完結することはまれです。あなたが作った数式はチームで共有されることが前提です。みんなが知らない関数を多用したり、複雑な数式を作成することはチームにとってマイナスです。

　常にだれかと仕事をしていることを忘れないでください。

手でやった方が早いとは思わないで、Excelにできないことはない、と信じて調べる

　こんなことがExcelでできそうだと思ったら、とことん考えてみましょ

う。 必要なツールは本書に記載してある内容で十分であることが多いです。

それでもできなければインターネットで調べてみてください。 親切な人がたくさんいて、 多くの方がぶつかる実務上の問題についてすでにやり方を確立して解説しているページがたくさんあります。

私も素晴らしいやり方を思い付いてみんなに知らせてあげようとネットを検索したところ、 複数の人がすでに方法を公開していたことがあります。

常に1桁2桁データ量が増えた時のことを考えて組み立てる

これからの時代に重要な考え方のひとつは、 ITを使えば1つ実行するのも1万実行するのも同じことだ、 ということです。

Excelにおいても、たったひとつよい数式を完成させることができれば、数万行くらいは簡単に処理できます。

Excelは誰もが認めるすばらしいソフトウェアです。

できないと考えて手作業で処理する前に、 たったひとつの数式をとことん追求しましょう。

その努力がビジネスのあらゆる場面で生きてきます。

安易にマクロに頼らない

私はマクロが大好きです。

プログラマ時代はエディタ （プログラマが使うワープロみたいなもの）のマクロでオセロゲームを作って、 先輩に挑戦したりしたこともありました。

監査法人時代もことあるごとに人にマクロを勧めてきましたが、 ある日勧めるのをやめました。

素人が作ったマクロの上に業務が組み立てられることの危険性を悟ったからです。

あなたに日曜大工の得意な友人がいたとします。 その友人があなたの枕の上に棚を作ってくれました。あなたはその棚に重い本を載せますか?

マクロを学ぶこと自体は非常に良いことだと思います。

マクロの面白さに気付いてくれる人が1人でも増えることを願っています。

　プログラミングが義務教育化されてしばらくすれば、ほとんどの日本人がマクロを使いこなせる日が来るかもしれません。

　しかし現時点では、正規のプログラミング教育を受けていない人が作ったマクロの上に業務を組み立ててはいけません。素人が作ったマクロはちょっとしたことで動かなくなります。動かなくなるだけならまだいいのですが、誤動作することもあります。

　多くの人が、マクロができる＝Excelができる、と勘違いしていますが、基本的には別物と考えてください。

　マクロができてもExcelの基本を知らない人はたくさんいます。簡単な一次方程式で解決する問題を、マクロに計算させているケースを監査現場でみかけたこともあります。

　まずやるべきことはExcelの基本をチーム内でしっかり共有すること。

　Excelの得意な人は、その範囲内で問題解決する努力をすること。

　どうしても関数ではできない処理も存在するので、そういう場合は数ステップのマクロで実現すること。

　マクロの利用はなるべく個人の範囲に収めることをお薦めします。

　この本をマスターした方は、実務でExcelを使うための最低限の武器を手にしたことになります。車の免許でいえば仮免の状態といえばわかりやすいでしょうか。路上に出るとでこぼこ道や様々な状況が待ち構えています。

　まだまだお伝えしたいことはたくさんあるのですが、次の機会にして今回はこのあたりで筆をおきます。

　私のノウハウが、皆様の業務改善と生産性向上に役立てばこれほど嬉しいことはありません。

2016年9月30日　一木伸夫

おわりに　Excel上達のために私が心がけていること

一木伸夫 (いちき・のぶお)

公認会計士。株式会社シンプルソリューションズ代表取締役。1968年生まれ。早稲田大学商学部卒業。株式会社TKCで4年間プログラマとして会計ソフトの開発を経験。公認会計士試験合格後、中央青山監査法人に入所し、大手流通や公開準備会社等の監査とアドバイスに12年間従事。2012年に独立。以後、監査・税務業務の傍ら、業務改善アドバイス、Excel活用の企業研修・セミナーを行う。
http://www.simplesolutions.jp/

会計士が教えるスゴ技Excel

2016年10月25日　1版1刷

著　　　者	一木伸夫	
発 行 者	斎藤修一	
発 行 所	日本経済新聞出版社	
	東京都千代田区大手町1-3-7　〒100-8066	
	電話　(03) 3270-0251㈹	
	http://www.nikkeibook.com/	
印刷・製本	大日本印刷	

ISBN978-4-532-32080-5　　©Nobuo Ichiki, 2016　　Printed in Japan
本書の無断複写複製は、特定の場合を除き、著作者・出版社の権利侵害になります。